Cocina casera coreana

한국 가정식

Jina Jung

Fotografías de Akiko Ida

Cocina casera coreana

한국 가정식

100 recetas, técnicas y consejos
para que cocines en casa
como en Corea

Mi cocina coreana

Para mí, la cocina es muchísimo más que una fuente de nutrición o de placer: es el testimonio vivo tanto de una historia como de una cultura plasmadas en los sabores, los aliños y la degustación de los platos.

Mi abuela y mi madre me transmitieron la cultura culinaria coreana. Aún recuerdo cuando, de niña, en Corea, el salón de casa se llenaba de montones de col una vez al año para preparar el kimchi en familia, o las bandejas de chiles secándose al sol y el olor tan particular de la soja fermentándose para, unos meses más tarde, transformarse en una maravillosa pasta doenjang. Tengo muy presentes aún los mantras de las mujeres de la familia mientras cocino: el orden de los ingredientes, la plenitud de los colores, el equilibrio que el chile aporta al plato...

Al contrario de lo que se suele pensar, la cocina coreana es muy sencilla y, sobre todo, se basa en el arte de vivir. Una comida coreana tradicional compartida se compone de múltiples platos pequeños que permiten renovar continuamente lo que se pone en la mesa.

Este libro te ofrece una amplia variedad de recetas caseras tradicionales, sencillas y sabrosas y comparte contigo todos los secretos que necesitas para prepararlas en casa a diario. También conocerás técnicas nuevas, como la fermentación casera, y, con toda seguridad, ingredientes nuevos, si bien fáciles de encontrar en tiendas especializadas o en línea.

Entra en mi cocina, arremángate y prepara deliciosos platos coreanos caseros.

Jina Jung

ARROZ
밥
12

MASAS
반죽
28

VERDURA
채소
62

KIMCHI Y ENCURTIDOS
김치와 장아찌
92

CARNE
고기
128

PESCADO
생선
172

POSTRES Y BEBIDAS
다과
190

ANEXOS
210

ARROZ
밥

Cuando era pequeña, mi abuelo me decía:
«Acábate hasta el último grano de arroz; piensa
en el esfuerzo de quienes lo han cultivado».

Arroz blanco

HEENBAP
흰 밥

4 RACIONES
Preparación 5 min
Reposo 45 min
Cocción 20 min

INGREDIENTES
350 g de arroz redondo
500 ml de agua

Pon el arroz en un bol y cúbrelo de agua. Remueve suavemente con la mano y cambia el agua una primera vez. Repite el proceso 2 veces más. Deposita el arroz en una cacerola y añade los 500 ml de agua. Deja reposar 30 minutos.

Tapa la cacerola y calienta a fuego fuerte 10 minutos. Cuando el agua rompa a hervir, levanta la tapa unos segundos para que no rebose y vuelve a tapar. Repite la operación las 3 siguientes veces que el agua rompa a hervir si parece que va a rebosar, reduce el fuego al mínimo y tapa la cacerola. Cuece 10 minutos y retira del fuego. Deja reposar 15 minutos antes de quitar la tapa y servir.

Arroz morado

JAPGOKBAP
잡곡밥

4 RACIONES
Preparación 5 min
Reposo 55 min
Cocción 20 min

INGREDIENTES
160 g de arroz redondo blanco
45 g de arroz negro
30 g de quinoa
40 g de bulgur
40 g de lentejas verdes
600 ml de agua

Vuelca en un bol el arroz blanco, el arroz negro, la quinoa, el bulgur y las lentejas y cubre con agua (**A**). Remueve suavemente con la mano (**B-C**) y cambia el agua una primera vez. Repite el proceso 2 veces más. Escurre bien la mezcla y cúbrela con los 600 ml de agua (**D**). Deja reposar 40 minutos (**E**).

Pasa la mezcla con el agua a una cazuela, tápala y calienta a fuego fuerte hasta que rompa a hervir. Entonces, levanta la tapa unos segundos para que no rebose y vuelve a tapar (**F**). Repite la operación las 3 siguientes veces que el agua rompa a hervir si parece que va a rebosar. A los 10 minutos, reduce el fuego al mínimo y tapa la cacerola. Cuece otros 10 minutos y retira del fuego. Deja reposar 15 minutos más antes de quitar la tapa y servir.

NOTA —— *Mezclar el arroz con otros granos o verduras no solo mejora su sabor, sino que facilita su digestión.*

ARROZ

Arroz salteado con kimchi

KIMCHI BOKKEUMBAP
김치볶음밥

En mi frigorífico, como en el de cualquier coreano, siempre encontrarás kimchi y arroz blanco ya cocido. Por eso, este arroz salteado es el plato casero más popular y sencillo de preparar.

4 RACIONES
Preparación 15 min
Cocción 15 min

INGREDIENTES
400 g de arroz blanco cocido (p. 14), frío
400 g de kimchi de col china (p. 94)
320 g de atún en aceite de girasol desmenuzado
1 tallo de cebolleta, sin el bulbo
4 huevos
1 cucharada de salsa de anchoas fermentada
2 cucharadas de salsa de soja
1 cucharada de azúcar
1 cucharada de gochugaru (chile en polvo coreano)
1 cucharadita de ajo en polvo
2 cucharadas de un aceite vegetal neutro

Deposita el kimchi en un bol y córtalo en trocitos con unas tijeras. Añade el azúcar y el ajo en polvo y remueve bien con la mano. Deja reposar 5 minutos.

Pica el tallo de la cebolleta. Escurre el atún. Vierte el aceite vegetal en una sartén, añade el tallo de cebolleta picado y calienta a fuego fuerte. Saltea hasta que la cebolleta se empiece a pochar. Añade el kimchi y el gochugaru. Saltea 5 minutos más, hasta que el kimchi esté algo translúcido. Añade el atún, la salsa de soja y la salsa de anchoas fermentada. Saltea otros 5 minutos.

Una vez se hayan integrado bien todos los ingredientes, añade el arroz blanco cocido a la sartén. Remueve bien hasta que obtengas un color homogéneo. Retira del fuego cuando todo el arroz haya adquirido el color del kimchi. En una sartén aparte, fríe los huevos.

Sirve en platos individuales y deposita 1 huevo frito sobre el kimchi bokkeumbap. Sirve acompañado de encurtidos con salsa de soja (p. 122) o de rábano daikon encurtido (p. 126).

TRUCO —— *Puedes repartir trocitos de alga (gim o nori) o de cebolla china sobre el plato.*

Arroz salteado con gambas y piña

HAWAIIAN BOKKEUMBAP

하와이안 볶음밥

4 RACIONES
Preparación 15 min
Cocción 20 min

INGREDIENTES
350 g de arroz blanco cocido (p. 14), frío
½ piña
200 de gambas peladas
½ tallo de cebolleta, sin el bulbo
¼ de pepino
1 cebolla
1 zanahoria
3 huevos
2 cucharadas de mat ganjang (p. 150)
40 g de mantequilla, y 20 g más para el huevo batido
1 cucharadita de ajo en polvo
1 pizca de pimienta
sal
kétchup para servir

Pica el tallo de la cebolleta y corta el pepino, la cebolla y la zanahoria en dados de 0,5 cm. Corta la piña en dados de 1 cm. Bate los huevos y condimenta con ½ cucharadita de sal, la pimienta y el ajo en polvo.

Calienta la mantequilla a fuego fuerte en una sartén. Añade la cebolleta y la cebolla y saltea hasta que esta última se empiece a volver translúcida. Añade la zanahoria, el pepino y el mat ganjang. Sofríe hasta que la zanahoria esté hecha. Añade la piña y las gambas peladas y saltea 3 minutos más.

Añade a la sartén el arroz blanco cocido. Remueve hasta que obtengas una mezcla homogénea. Comprueba el punto de sal y corrige si es necesario. Empuja la mezcla de arroz a un lado de la sartén. Deposita unos 20 g de mantequilla en el fondo vacío. Añade los huevos batidos y remueve hasta que empiecen a cuajar: han de quedar un poco viscosos. Mézclalos con el arroz.

Sirve en platos individuales y añade algunas líneas de kétchup. Acompaña con encurtidos con salsa de soja (p. 122), rábano daikon encurtido (p. 126) o rábano amarillo (danmuji) marinado.

Arroz salteado con verduras, salchicha y curri

CURRY BOKKEUMBAP

카레볶음밥

4 RACIONES
Preparación 15 min
Cocción 25 min

INGREDIENTES
350 g de arroz blanco cocido (p. 14), frío
4 salchichas de Estrasburgo (o de Frankfurt)
2 patatas medianas
½ calabacín
1 cebolla
1 zanahoria
½ pimiento rojo
50 g de maíz
20 g de curri coreano (o japonés)
30 g de mantequilla
sal

Corta la cebolla, las patatas, la zanahoria, el pimiento y el calabacín en dados de 1 cm. Corta las salchichas en rodajas de 0,5 cm de grosor. Diluye el curri en 3 cucharadas de agua.

Calienta la mantequilla a fuego fuerte en una sartén. Saltea la cebolla hasta que se empiece a volver translúcida. Añade el maíz y saltea 3 minutos. Añade la patata y la zanahoria y condimenta con sal. Añade 50 ml de agua. Cuece unos 10 minutos o hasta que la patata y la zanahoria estén hechas. Cuando el agua se haya evaporado, añade el calabacín, la salchicha y el pimiento. Saltea 5 minutos. Comprueba el punto de sal y corrige si es necesario.

Cuando el calabacín esté hecho, añade el arroz y el curri. Remueve bien, hasta que todo el arroz haya adquirido el color del curri.

Sirve en platos individuales. Acompaña con encurtidos con salsa de soja (p. 122), rábano daikon encurtido (p. 126) o kimchi (p. 94).

Bolitas de arroz

JUMEOK-BAP
주먹밥

Siempre que salíamos de excursión con el colegio, mis amigos y yo aprovechábamos el viaje en autocar para compartir nuestras bolitas de arroz. Cuando llegaba la hora de comer, ya no quedaba ni una...

2 RACIONES
Preparación 15 min – Reposo 5 min – Cocción 5 min

Atún y mayonesa

INGREDIENTES

250 g de arroz blanco cocido (p. 14), caliente, 80 g de atún al natural, ½ hoja de alga gim (nori) para gimbap, 50 g de kimchi de col china (p. 94), 2 cucharadas de mayonesa, ½ cucharadita de aceite de sésamo, ½ cucharadita de azúcar, sal

Escurre el atún. Enjuaga el kimchi, estrújalo para eliminar el líquido y pícalo fino. Mezcla el kimchi con el aceite de sésamo y el azúcar. Corta la lámina de alga en trocitos pequeños. Mezcla el atún, el alga y el kimchi con el arroz y condimenta con la sal y la mayonesa. Haz bolitas del tamaño de pelotas de ping-pong.

Surimi y mayonesa

INGREDIENTES

250 g de arroz blanco cocido (p. 14), caliente, 5 palitos de surimi, ¼ de cebolla, 5 cm de pepino, 3 cucharadas de mayonesa, aceite vegetal neutro, sal

Pica el surimi. Pica la cebolla y saltéala 3 minutos en un poco de aceite vegetal. Deposita la cebolla sobre papel absorbente para eliminar el aceite. Pica el pepino, condiméntalo con sal y deja reposar 5 minutos. Estrújalo para eliminar el exceso de agua. Mezcla todos los ingredientes con el arroz y condimenta con sal y la mayonesa. Haz bolitas del tamaño de pelotas de ping-pong.

Tortilla de jamón

INGREDIENTES

250 g de arroz blanco cocido (p. 14), caliente, 1 loncha de jamón cocido, 1 huevo, 1 cucharada de semillas de sésamo, 1 cucharadita de aceite de sésamo, 1 pizca de ajo en polvo, sal

Pica el jamón. Bate el huevo y añade el ajo en polvo y sal. Cuécelo como un huevo revuelto y desmenúzalo en trocitos. Muele bien las semillas de sésamo. Mezcla todos los ingredientes con el arroz y el aceite de sésamo. Forma bolitas del tamaño de pelotas de ping-pong.

ARROZ

Bol de arroz, tortilla, atún y mayonesa

CHAMCHI-MAYO-DEOBPAB
참치마요덮밥

Esta receta fácil, rápida y completa es ideal para recuperar fuerzas cuando no se dispone de tiempo. Se sirve con el arroz aún caliente.

SALE 1 BOL
Preparación 15 min
Cocción 3 min

INGREDIENTES
180 g de arroz blanco cocido (p. 14), caliente
2 hojas de lechuga Batavia
80 g de atún en aceite de girasol
¼ de lámina de alga gim (nori)
2 cucharadas de mayonesa
2 huevos
1½ cucharadas de salsa de soja
½ cucharadita de azúcar
½ cucharadita de gochugaru (chile en polvo coreano)
½ cucharadita de ajo en polvo
aceite vegetal
sal, pimienta

Bate los huevos como para hacer una tortilla y salpimiéntalos. Calienta una sartén pintada con aceite vegetal. Vierte los huevos y remueve bien, para preparar huevos revueltos. Reserva.

Corta las hojas de lechuga en tiras finas. Corta el alga gim en láminas finas. Escurre el atún, pero deja que retenga un poco del aceite de girasol. En un bol, mezcla el atún, ½ cucharada de salsa de soja, el azúcar, el gochugaru y el ajo en polvo.

Deposita el arroz en el bol para servir, añade la lechuga y riega con una cucharada de la salsa de soja. A continuación, añade el huevo revuelto y el atún. Aliña generosamente con la mayonesa y esparce el alga gim por encima.

Sirve y degusta sin remover, intentando incluir un poquito de cada ingrediente en cada bocado.

Gachas de arroz

JUK

죽

Pollo

4 RACIONES
Preparación 20 min – Reposo 45 min
Cocción 1 h 10 min

INGREDIENTES
150 g de arroz redondo, 400 g de pechuga de pollo, ½ cebolla, ½ calabacín, 1 zanahoria, 5 dientes de ajo, 1,7 l de agua, sal

Enjuaga el arroz 3 veces y déjalo reposar en agua fría al menos 45 minutos.

Lleva a ebullición 1,7 litros de agua en una olla. Añade la pechuga de pollo y los dientes de ajo. Cuece 10 minutos, reduce a fuego medio y prolonga la cocción 10 minutos. Cuando la carne se haya hecho, retírala del caldo con una espumadera. Desecha el ajo. Desmenuza la carne con la mano cuando se haya enfriado.

Pica la cebolla, la zanahoria y el calabacín. Escurre el arroz.

En una olla, deposita 500 ml del caldo de pollo y el arroz. Calienta a fuego medio 20 minutos y remueve con regularidad. Añade la verdura. A lo largo de los 30 minutos siguientes, añade poco a poco el resto del caldo y remueve con regularidad. Añade sal al gusto.

Ternera

4 RACIONES
Preparación 20 min – Reposo 45 min
Cocción 50 min

INGREDIENTES
150 g de arroz redondo, 200 g de carne de ternera picada, ½ cebolla, ½ calabacín, 1 zanahoria, 2 setas pyogo (shiitake) o champiñones, ½ cucharada de salsa de anchoas fermentada, ½ cucharada de azúcar, ½ cucharadita de ajo en polvo, 1 cucharada de alcohol destilado (soju o ginebra), 1,2 litros de agua, sal

Para el arroz, procede de la misma manera que en la receta de la izquierda.

Seca la carne picada con papel absorbente, para eliminar el exceso de sangre. Mézclala con la salsa de anchoas, el azúcar, el ajo en polvo y el alcohol. Deja reposar 20 minutos.

Pica la cebolla, la zanahoria, las setas y el calabacín. Escurre el arroz.

Calienta una cazuela. Cuando esté caliente, saltea la carne unos minutos y desmenúzala bien con ayuda de una cuchara. Añade el arroz y 500 ml de agua. Lleva a ebullición. Reduce a fuego medio y remueve con regularidad 20 minutos. Reduce a fuego bajo, añade el resto del agua poco a poco a lo largo de los 30 minutos siguientes y remueve con regularidad. Añade sal al gusto.

NOTA —— Para aliñar las gachas, bate 2 huevos y prepara una tortilla fina. Espera a que se enfríe y enróllala. Corta el rulo en rodajitas, con mucho cuidado para que no se rompa. Dispón un rollito de tortilla en cada bol antes de servir y riega con unas gotas de aceite de sésamo. Esparce algunos piñones por encima y remata con una flor de jínjol (p. 200).

MASAS
반죽

Los tteokbokki tteok, los buñuelos y las tortitas coreanas son una verdadera delicia... Los hay de todos los tipos y, cuando los preparo, el olor de las salsas y el chisporroteo del aceite me transportan a los mercados de mi país natal.

Masa de tteokbokki tteok

TTEOKBOKKI TTEOK
떡볶이 떡

SALEN UNOS 450 G DE TTEOK
Preparación 20 min
Reposo 40 min
Cocción 15 min

INGREDIENTES
160 g de harina de trigo
80 g de harina de arroz glutinoso
20 g de fécula de patata
1 cucharadita de sal
unos 170 ml de agua

Deposita en una ensaladera las harinas, la fécula y la sal. Añade el agua poco a poco, amasando constantemente con la mano hasta que obtengas una bola de masa lisa y homogénea (**A**). Deja de añadir agua en cuanto consigas esta consistencia. Tapa y deja reposar a temperatura ambiente 10 minutos.

Forma un rulo ancho y regular (**B**) y luego córtalo en 20 trozos iguales (**C**). Con los trozos, forma rollitos más pequeños, de 1 cm de grosor (**D**), y, a continuación, corta cada uno en 2 o 3 tteok (**E**). Si se han aplastado un poco al cortarlos, remodela los bordes de los rollitos para que queden con un grosor regular de 1 cm.

Lleva agua a ebullición y pon los tteokbokki tteok. Remueve con cuidado, para evitar que se peguen al fondo de la olla o entre ellos, hasta que asciendan a la superficie. Cuece 10 minutos. Apaga el fuego y deja reposar la olla sobre el fogón o la placa 3 minutos. Retira inmediatamente los tteokbokki tteok con una espumadera y sumérgelos en un bol de agua fría (**F**). Sácalos enseguida y mét33los en otro bol con agua fría.

Saca los tteokbokki tteok del agua y disponlos, separados, sobre papel vegetal. Déjalos secar 30 minutos.

NOTA ——— *Si no vas a usar los tteokbokki tteok inmediatamente después de haberlos preparado, déjalos enfriar 1 hora y úntalos con una finísima película de aceite vegetal neutro, para evitar que se peguen entre ellos. Se conservarán hasta 3 días en el frigorífico y varios meses en el congelador.*

MASAS

A

B

C

D

E

F

Tteokbokki salteados con pasta de chile

TTEOKBOKKI
떡볶이

Siempre que salía del colegio, me envolvía el aroma de los tteokbokki que inundaba las calles. Podíamos disfrutar de esta especialidad de la comida callejera coreana a cualquier hora y eran mi merienda preferida.

4 RACIONES
Preparación 10 min
Cocción 20 min

INGREDIENTES
300 g de tteokbokki tteok (p. 30)
200 g de pasta de pescado (p. 178)
2 tallos de cebolleta, sin el bulbo
1 cubito de caldo de verduras
4 cucharadas de azúcar
40 g de gochujang (pasta de chile coreana)
1 cucharada de salsa de soja
1 cucharada de gochugaru (chile en polvo coreano)
½ cucharada de ajo en polvo
4 huevos
500 ml de agua

Corta los tallos de cebolleta en trozos de 5 cm y, luego, cada trozo longitudinalmente por la mitad. Corta la pasta de pescado al bies en trozos de 1,2 cm de grosor. Cuece los huevos duros.

Vierte 500 ml de agua en una sartén. Añade el cubito de caldo y el azúcar. Lleva a ebullición, reduce inmediatamente a fuego medio y vierte los tteokbokki tteok. Hierve a fuego bajo 5 minutos sin dejar de remover para evitar que se peguen en el fondo o entre ellos y, si es necesario, sepáralos. Añade el gochujang, el gochugaru, la salsa de soja, el ajo en polvo y la pasta de pescado.

Mantén al fuego 10 minutos, removiendo con regularidad, y añade los huevos duros pelados y la cebolleta. La cocción habrá terminado cuando los tteokbokki tteok estén blandos y la salsa se haya reducido a la mitad y unte bien todos los ingredientes.

NOTA —— *Puedes acompañar este plato con kimchi-kimbap (p. 120), buñuelos de boniato (p. 56) o buñuelos de algas con fideos (p. 58) untados en la salsa de los tteokbokki. También lo puedes acompañar con rábano amarillo (danmuji) marinado o rábano daikon encurtido (p. 126) y una limonada (p. 204), para suavizar el sabor del chile.*

MASAS

Tteokbokki con pasta de alubias negras

JJAJANG-TTEOKBOKKI

짜장떡볶이

Este es un plato muy habitual en las comidas familiares. Aunque mi madre acostumbraba a prepararlo como merienda, también es ideal como desayuno o cena.

4 RACIONES
Preparación 20 min
Reposo 20 min
Cocción 30 min

INGREDIENTES
300 g de tteokbokki tteok (p. 30)
150 g de pasta de pescado (p. 178)
150 g de panceta de cerdo
150 g de col blanca
⅓ de zanahoria
½ cebolla
1 cebolleta, con el tallo
2 cm de la parte blanca de un puerro
50 g de chunjang (pasta de alubias negras), sin saltear
1 cucharada de salsa de soja
3 cucharadas de azúcar
1 cucharada de saenggang-cheong (p. 206)
2 cucharadas de un aceite vegetal neutro
150 ml de agua

Disuelve el azúcar en el agua y deja los tteokbokki tteok en remojo en la mezcla 20 minutos.

Corta la col blanca en tiras de 5 cm de largo y 1 cm de ancho. Corta la zanahoria en bastoncitos y la cebolla en láminas finas. Corta el bulbo de la cebolleta en láminas y el tallo al bies en tozos de 3 cm. Pica el puerro. Corta la panceta de cerdo en taquitos. Corta la pasta de pescado al bies, en trozos de 1 cm de grosor.

Calienta el aceite y el chunjang en una sartén a fuego fuerte. Remueve continuamente 5 minutos a partir de que empiece a burbujear. Pasa el chunjang salteado por un colador de malla fina sobre un bol. Déjalo escurrir unos minutos, para recoger el aceite. Vierte el aceite recuperado en una sartén y añade el puerro. Cuece a fuego bajo.

Cuando el puerro empiece a despedir aromas, añade la panceta, la salsa de soja y el saenggang-cheong. Saltea 3 minutos a fuego fuerte. Añade el resto de las verduras (a excepción del tallo de cebolleta), la pasta de pescado y el chunjang. Saltea 5 minutos, sin dejar de remover.

Añade los tteokbokki tteok y el agua del remojo a la sartén. Cuece 10-15 minutos a fuego medio. Añade el tallo de cebolleta cuando queden 5 minutos de cocción. Sirve caliente.

NOTA ⎯⎯⎯ *Si prefieres un plato más potente, añade 1 cucharadita de gochugaru (chile en polvo coreano) justo antes de servir. Idealmente, acompaña este plato con kimchi-kimbap (p. 120), buñuelos de boniato (p. 56) o buñuelos de algas con fideos (p. 58).*

Tteokbokki con salsa de soja

GANJANG-TTEOKBOKKI

간장떡볶이

4 RACIONES
Preparación 10 min
Cocción 20 min

INGREDIENTES
300 g de tteokbokki tteok (p. 30)
200 g de pasta de pescado (p. 178)
10 cm de la parte blanca de un puerro
⅔ de zanahoria
250 ml de agua
7 cucharadas de mat ganjang (p. 150)
3 cucharadas de azúcar
½ cucharadita de pimienta
semillas de sésamo

Corta la zanahoria en 2 trozos, luego cada trozo longitudinalmente por la mitad y, para terminar, cada mitad en finas láminas longitudinales. Corta el puerro al bies en trozos de 2 cm de grosor. Corta la pasta de pescado al bies.

Vierte 250 ml de agua en una sartén. Añade el azúcar y lleva a ebullición. Reduce inmediatamente a fuego medio y añade los tteokbokki tteok. Hierve a fuego bajo 5 minutos y remueve para evitar que se peguen en el fondo de la sartén o entre ellas. Sepáralos si es necesario. Añade el mat ganjang, el puerro, la zanahoria y la pasta de pescado. Hierve a fuego bajo 10 minutos sin dejar de remover.

Cuando la salsa se haya reducido a la mitad, añade tanto la pimienta como una pizca generosa de semillas de sésamo. Si es necesario, añade un poco más de mat ganjang.

NOTA ——— *Puedes acompañar el plato con huevos duros, buñuelos de boniato (p. 56), buñuelos de alga con fideos (p. 58) y rábano daikon encurtido (p. 126).*

Brochetas de tteok con salsa dulce y salada

TTEOK-KKOCHI
떡 꼬 치

Estas brochetas son el epítome de la comida callejera coreana. A los niños les encantan porque, a pesar de que son ligeramente picantes, tienen un sabor dulce y salado que resulta muy agradable.

SALEN 6 BROCHETAS
Preparación 20 min
Cocción 15 min

INGREDIENTES
36 tteokbokki tteok (p. 30)
3 cucharadas de kétchup
2 cucharadas de azúcar
1 cucharadita de ajo en polvo
3 cucharadas de salsa de soja
15 g de gochujang (pasta de chile coreana)
½ cucharada de gochugaru (chile en polvo coreano)
2 cucharadas de jarabe maíz
50 ml de agua
aceite vegetal neutro

Lleva el agua a ebullición, cuece los tteokbokki tteok 3 minutos y escúrrelos. Cuando se hayan enfriado un poco, ensártalos en 6 brochetas de madera (6 tteok en cada una). Si están recién hechos, sáltate el primer paso y prepara las brochetas sin esperar a que los tteokbokki tteok se enfríen los 30 minutos que indica la receta (p. 30).

En un cazo, mezcla el kétchup, el azúcar, el ajo en polvo, la salsa de soja, el gochugaru, el gochujang y el agua. Lleva a ebullición y reduce a fuego bajo. Hierve a fuego bajo 5 minutos, removiendo con suavidad. Retira del fuego y añade poco a poco el jarabe de maíz.

En una sartén, vierte aceite vegetal hasta que alcance la mitad de la altura de un tteokbokki tteok. Calienta y fríe las brochetas 3 minutos por cada lado.

Deposita las brochetas en una bandeja y, con ayuda de un pincel de cocina, píntalas generosamente por ambas caras con la salsa. ¡A disfrutar!

MASAS

Masa de tortitas coreanas

JEON BANJUK

전 반 죽

SALEN 650 G
Preparación 10 min

INGREDIENTES
250 g de harina de trigo
350 ml de agua
2 huevos
1 cucharadita de sal

Salsa jeon
2 cucharadas de salsa
   de soja
1 cucharada de vinagre
   de manzana
1 cucharada de azúcar
1 pizca de pimienta
1 pizca de semillas
   de sésamo

Vuelca la harina de trigo en un bol, casca los huevos dentro y añade 1 pizca de sal. Añade poco a poco el agua sin dejar de remover con una espátula. Cuando la masa empiece a estar líquida, remueve con una batidora de mano para evitar que se formen grumos. La masa ha de tener una consistencia fluida pero untuosa, como la de una crepe.

Mezcla todos los ingredientes de la salsa y sírvela junto a las tortitas.

NOTA ——— *Esta masa se adapta a una gran variedad de tortitas coreanas.*

Tortitas de calabacín

HOBAKJEON

호박전

Estas sabrosas tortitas son el tentempié ideal cuando me entra el gusanillo entre comidas. Se pueden disfrutar a solas o en compañía.

SALEN 4 TORTITAS DE 24 CM DE DIÁMETRO

Preparación 5 min
Cocción 30 min

INGREDIENTES

650 g de masa de tortitas coreanas (p. 40)
2 calabacines
½ cebolla
½ zanahoria
1 chile rojo (opcional)
1 cucharadita de ajo en polvo
1 pizca de pimienta
1 cucharadita de sal
aceite vegetal neutro

Ralla los calabacines y la zanahoria. Corta la cebolla en láminas finas. Mezcla las verduras, el ajo en polvo, la pimienta, la sal y la masa. Retira las semillas del chile y córtalo en daditos (el chile es opcional y lo puedes sustituir por pimiento rojo).

Pinta el fondo de una sartén con aceite vegetal y calienta a fuego fuerte. Extiende una fina capa de la masa con verduras sobre el fondo de la sartén. Esparce los daditos de chile rojo de manera homogénea sobre la superficie y, con ayuda de una espátula, despega enseguida la masa del fondo de la sartén, para evitar que se pegue. Da la vuelta a la tortita en cuanto los bordes se empiecen a tostar y la superficie haya cuajado ligeramente. Cuece la otra cara a fuego fuerte otros 4 minutos. Repite el proceso con el resto de tortitas.

Sirve las tortitas acompañadas de la salsa jeon para tortitas coreanas (p. 40) o con cebolla encurtida con salsa de soja y su jugo (p. 122).

MASAS

Tortitas de kimchi

KIMCHIJEON
김치전

Siempre que vienen amigos a casa les preparo esta receta, porque sé que les encanta. Los coreanos adoramos el kimchi y las tortitas, así que el éxito está asegurado...

SALEN 4 TORTITAS DE 24 CM DE DIÁMETRO
Preparación 15 min
Cocción 30 min

INGREDIENTES
500 g de kimchi de col china (p. 94)
650 g de masa de tortitas coreanas (p. 40)
2 cucharaditas de gochugaru (chile en polvo coreano)
2 cucharadas de salsa de soja fermentada
aceite vegetal neutro

Corta el kimchi en trocitos con unas tijeras y deposítalo sin escurrir en un cuenco. Añade el gochugaru y la salsa de anchoas fermentada. Añade la masa de las tortitas y remueve bien.

Pinta el fondo de una sartén con aceite vegetal y calienta a fuego fuerte. Extiende una fina capa de la masa con kimchi sobre el fondo de la sartén. Con ayuda de una espátula, despega enseguida la masa del fondo de la sartén, para evitar que se pegue. Da la vuelta a la tortita en cuanto los bordes se empiecen a tostar y la superficie haya cuajado ligeramente. Cuece la otra cara a fuego fuerte también 4 minutos. Repite el proceso con el resto de tortitas.

Sirve las tortitas acompañadas de la salsa jeon para tortitas coreanas (p. 40) o con cebolla encurtida con salsa de soja y su jugo (p. 122).

NOTA ——— *Si te apetece probar una versión con carne, corta 200 g de panceta de cerdo en tiras y saltéalas en una sartén 5 minutos. Añade la panceta a la masa justo antes de preparar las tortitas.*

MASAS

44

Tortitas de marisco

HAEMUL-PAJEON
해 물 파 전

Para los coreanos, el sonido de la preparación de las tortitas evoca el de la lluvia al caer. Los días de lluvia, preparo estas tortitas con marisco y las acompaño con un cuenco de makgeolli (vino de arroz coreano), que es como los comía en Corea.

SALEN 4 TORTITAS DE 24 CM DE DIÁMETRO
Preparación 20 min
Cocción 40 min

INGREDIENTES
650 g de masa de tortitas coreanas (p. 40)
60 g de mejillones sin la concha
60 g de vieiras pequeñas
200 g de calamares
4 gambas
200 g de tallos de cebolla china
2 huevos
aceite vegetal neutro
sal, pimienta y ajo en polvo

Retira la pluma de los calamares y córtalos en rodajas. Pela las gambas crudas con ayuda de un cuchillo afilado. Enjuaga los mejillones. Si las vieiras son grandes, córtalas en cuatro. Esta receta funciona tanto con marisco fresco como congelado. Mezcla todo el marisco, a excepción de las gambas, con los tallos de cebolla china cortados en trozos de 10 cm de longitud y 1 pizca de pimienta y de ajo en polvo. Añade la masa de tortitas coreanas y remueve para que los ingredientes se integren de manera homogénea. Bate los huevos aparte y sazónalos con una pizca de sal.

Cubre el fondo de una sartén con una cantidad generosa de aceite vegetal. Calienta a fuego fuerte. Cuando el aceite se haya calentado, cubre el fondo de la sartén con la preparación de marisco, de modo que el grosor sea inferior al de las gambas. Deposita 1 gamba en el centro de la tortita y vierte una cuarta parte del huevo batido, repartiéndolo bien por toda la superficie y sin dejar huecos. Reduce a fuego medio. Con una espátula, despega inmediatamente la masa del fondo, para evitar que se pegue.

Cuando hayan pasado unos 5-7 minutos y los bordes se empiecen a dorar, da la vuelta a la tortita. Vierte un chorrito fino de aceite vegetal alrededor del contorno de la tortita, directamente sobre el metal de la sartén. Cuece la otra cara así 5-7 minutos. Termina la cocción por esta misma cara con un último minuto a fuego fuerte, para garantizar que quede crujiente. Repite el proceso con las 3 tortitas restantes.

Sirve las tortitas acompañadas de salsa jeon para tortitas coreanas (p. 40) o con cebolla encurtida con salsa de soja y su jugo (p. 122).

Tortitas de atún

CHAMCHI GYERAN-JEON

참치 계란전

A los niños coreanos les encanta esta receta. Eso sí, resérvala para paladares adultos si optas por la versión con chile.

SALEN 5 TORTITAS DE 9 CM DE DIÁMETRO
Preparación 10 min
Cocción 20 min

INGREDIENTES
160 g de atún en aceite de girasol
½ zanahoria
¼ de cebolla
½ chile verde (opcional)
2 huevos
30 g de harina de trigo
½ cucharadita de ajo en polvo
1 cucharadita de sal
1 pizca de pimienta
aceite vegetal neutro

Escurre ligeramente el exceso de aceite de la lata de atún y deposita el atún en una ensaladera. Pica la cebolla y la zanahoria. Si quieres una receta más potente, pica también el chile verde, al que antes habrás retirado todas las semillas y enjuagado bien con agua. Mezcla la verdura y el atún. A continuación, mezcla la preparación de atún y verduras con los huevos, la harina, el ajo en polvo, la sal y la pimienta.

Calienta aceite vegetal en una sartén grande. Cuando esté caliente, vierte un cucharón de masa y extiéndela para que quede una tortita bien definida. Haz varias tortitas en la misma sartén. Dales la vuelta tras unos 4-5 minutos de cocción a fuego medio y prolonga la cocción otros 4-5 minutos. Sube a fuego fuerte el último minuto, para garantizar que queden crujientes. Las dos caras han de quedar doradas y tener una consistencia relativamente firme.

Disfrútalas calientes con kétchup o con salsa para tortitas coreanas (p. 40).

Tortitas de judías mungo

NOKDU JEON

녹 두 전

Siempre ayudaba a mi madre a preparar estas tortitas para las grandes ocasiones familiares. Aunque es una receta algo laboriosa, todo el esfuerzo merece la pena en cuanto se da el primer bocado.

SALEN 6 TORTITAS DE 9 CM DE DIÁMETRO
Preparación 40 min
Reposo 12 h
Cocción 20 min

INGREDIENTES
240 g de judías mungo
100 g de panceta de cerdo
100 g de brotes de soja
200 g de kimchi de col china (p. 94)
1 tallo de cebolleta, sin el bulbo
¼ de chile rojo
1 cucharadita de ajo en polvo
1 cucharada de alcohol destilado (soju o ginebra)
aceite vegetal neutro
sal, pimienta

Deja en remojo las judías mungo 12 horas en abundante agua fría. Tras el reposo, pélalas frotando los granos enérgicamente entre las manos (**A**). Para eliminar parte de las pieles, vierte el agua del remojo en un colador colocado sobre un recipiente. Evita que las judías caigan en el colador (**B**). Vuelve a verter el agua del remojo sobre las judías. (**C**). Repite el proceso hasta que aproximadamente el 60 % de las judías hayan perdido la piel. Enjuaga bien las judías, escúrrelas y tritúralas del todo (**D**).

Corta la panceta en trocitos. Mézclala con 1 pizca de sal, el alcohol, el ajo en polvo y 1 pizca de pimienta. Saltéala en una sartén caliente 5 minutos y reserva.

Enjuaga ligeramente el kimchi bajo el grifo y estrújalo con la mano para eliminar parte del líquido. Córtalo en trocitos.

Enjuaga los brotes de soja. Cuécelos 3 minutos en agua hirviendo, sin tapar el cazo. Con ayuda de un colador, enfríalos bajo el grifo de agua fría. Estrújalos con la mano para eliminar el agua.

Corta el tallo de la cebolleta en trozos de 1 cm. Corta el chile en rodajitas muy finas.

En un bol, mezcla las judías trituradas, el kimchi, los brotes de soja, la panceta, la cebolleta, 2 cucharaditas de sal y unos 100 ml de agua (**E**). Si la masa queda demasiado espesa, ajusta la cantidad de agua.

Calienta aceite vegetal en una sartén grande. Cuando esté caliente, vierte un cucharón de masa y extiéndela para formar una tortita definida de 1 cm de grosor. Deposita 1 rodajita de chile en el centro. Prepara varias tortitas en la misma sartén. Da la vuelta a la tortita al cabo de unos 10 minutos de cocción a fuego medio cuando la cara inferior haya cuajado lo suficiente (**F**). Sube a fuego fuerte y cuece la segunda cara 3-4 minutos.

Sírvelas calientes, acompañadas de salsa jeon para tortitas coreanas (p. 40) o con cebolla encurtida con salsa de soja y su jugo (p. 122).

MASAS

50

A

B

C

D

E

F

Masa de buñuelos coreanos

TUIGIM BANJUK

튀김반죽

SALEN 600 G DE MASA
Preparación 10 min

INGREDIENTES
Masa
300 g de harina de trigo
200 ml de agua
100 ml de cerveza
1 huevo
1 cucharadita de sal

Salsa tuigim
2 cucharadas de salsa de soja
1 cucharada de vinagre de manzana
1 pizca de pimienta

Deposita la harina, el huevo, la sal y la cerveza en una ensaladera. Añade el agua poco a poco, sin dejar de remover. La masa ha de quedar completamente lisa y sin grumos.

Mezcla todos los ingredientes de la salsa. Sirve los buñuelos acompañados de la salsa.

Buñuelos de boniato

GOGUMA-TUIGIM
고구마 튀김

2 RACIONES
Preparación 10 min
Cocción 6 min
Reposo 10 min

INGREDIENTES
300 g de masa de buñuelos coreanos (p. 54)
1 boniato grande
50 g de harina de trigo
½ cucharadita de sal
1 l de un aceite vegetal neutro

Lava bien el boniato y pélalo groseramente, de modo que queden algunas tiras de piel. Córtalo en rodajas de 1 cm de grosor. Mezcla la harina y la sal y reboza las rodajas de boniato. Asegúrate de que todas queden bien cubiertas de harina.

Calienta el aceite a 170 °C. Para comprobar la temperatura, deja caer una gota de masa en el aceite: si asciende inmediatamente a la superficie, la temperatura es la correcta. Reboza las rodajas de boniato en la masa de buñuelos y sumérgelas una a una en el aceite. Fríelas unos 4 minutos o hasta que se hayan dorado.

Retira los buñuelos del aceite y escúrrelos en un colador al menos 5 minutos. Vuélvelos a freír 2 minutos y escúrrelos 5 minutos más.

Sírvelos calientes y remojados en la salsa tuigim (p. 54) o acompañados de un tteokbokki (p. 32).

NOTA ──── *Puedes congelar los buñuelos y recalentarlos en el horno 10-15 minutos a 200 °C.*

MASAS

Buñuelos de algas con fideos

GIMMARI

김말이

Me encanta combinar estos buñuelos con un tteokbokki con chile y untarlos con generosidad en la salsa para disfrutar de la explosión de sabor.

SALEN 16 BUÑUELOS
Preparación 30 min
Reposo 2 h
Cocción 6 min

INGREDIENTES
300 g de masa de buñuelos coreanos (p. 54)
4 láminas de alga gim (nori)
100 g de fideos de boniato
50 g de harina de trigo
⅓ de zanahoria
1 tallo de cebolleta, sin el bulbo
2 cucharadas de salsa de soja
½ cucharada de azúcar
½ cucharada de aceite de sésamo
½ cucharadita de pimienta
1 l de un aceite vegetal neutro
sal

Deja los fideos en remojo en agua fría 2 horas para que se suelten.

Pica la zanahoria y el tallo de cebolleta. Saltea unos minutos en un poco de aceite vegetal. Cuece los fideos 3 minutos en agua hirviendo. Pásalos a un colador y enfríalos bajo el grifo con agua fría. Escúrrelos bien. Deposítalos en un bol y córtalos por la mitad dos veces con unas tijeras, de modo que obtengas cuatro trozos. Mézclalos con la verdura salteada, la salsa de soja, el azúcar, el aceite de sésamo, la pimienta y 1 cucharadita de sal.

Corta las láminas de alga gim en 4 rectángulos cada una, primero transversalmente y luego longitudinalmente. Deposita 1 rectángulo sobre la superficie de trabajo, con la cara rugosa hacia arriba. Dispón a lo largo un poco de la mezcla de fideos, algo por debajo de la mitad inferior. Humedece con agua fría los 1,5 cm superiores de la hoja. Enróllala apretando con fuerza. La parte húmeda se pegará y cerrará el rollito. Repite el proceso con el resto de los rectángulos de alga.

Mezcla la harina con ½ cucharadita de sal. Calienta aceite a 170 °C. Para comprobar la temperatura, deja caer una gota de masa en el aceite: si asciende inmediatamente, la temperatura es la correcta. Reboza ligeramente los rollitos de alga en la harina y asegúrate de que queden cubiertos de una capa fina en toda su superficie. A continuación, rebózalos en la masa de buñuelos. Con unas pinzas, sumerge cada rollito en el aceite y haz un movimiento de vaivén 2 o 3 veces antes de soltarlos.

Fríelos unos 4 minutos o hasta que se hayan dorado. Sácalos del aceite y escúrrelos en un colador al menos 5 minutos. Vuelve a freírlos 2 minutos y, luego, escúrrelos otra vez.

Sírvelos calientes y úntalos en la salsa tuigim (p. 54) o acompañados de un tteokbokki (p. 32).

NOTA —— *Puedes congelar los buñuelos y recalentarlos en el horno 8-12 minutos a 200 °C.*

Pollo frito coreano

DAKGANGJEONG

닭 강 정

No hay mejor recompensa que esta después de un largo día de trabajo. Por la noche, nos encanta compartir este plato con los amigos y acompañarlo de una buena cerveza.

4 RACIONES
Preparación 15 min
Reposo 20 min
Cocción 20 min

INGREDIENTES
600 g de masa de buñuelos coreanos (p. 54)
700 g de carne de pollo fileteada, con la piel
2 cucharaditas de ajo en polvo
150 ml de leche
2 cucharaditas de sal
1 cucharadita de curri amarillo dulce en polvo
1 cucharadita de pimentón dulce
3 almendras picadas (o cacahuetes)
1 l de un aceite vegetal neutro

Salsa yangnyeom
100 ml de agua
5 cucharadas de kétchup
20 g de gochujang (pasta de chile coreana)
1 cucharada de gochugaru (chile en polvo coreano)
4 cucharadas de salsa de soja
2 cucharadas de azúcar
½ cebolla
¼ de manzana
3 dientes de ajo
5 cucharadas de jarabe de maíz
pimienta

Limpia el pollo y arranca el plumón que pueda quedar. Corta groseramente los filetes en trozos del tamaño de un bocado (**A**). Ponlos en remojo en la leche (**B**). Tapa y deja reposar 20 minutos.

Escurre el pollo en un colador. Deposítalo en una ensaladera con la sal, el pimentón, el curri y el ajo en polvo. Remueve y amasa con la mano para que la carne quede bien impregnada de los condimentos. Añade la masa de buñuelos y remueve bien.

Calienta el aceite a 170 °C. Para comprobar la temperatura, deja caer una gota de masa en el aceite: si asciende a la superficie inmediatamente, la temperatura es la correcta. Deposita en el aceite caliente y uno a uno los trozos de pollo bien untados de salsa (**C**). Evita que se peguen entre ellos. Fríelos unos 5 minutos. Sácalos y escúrrelos 5 minutos en un colador. Vuélvelos a freír otros 3 minutos y escúrrelos de nuevo 5 minutos.

Para la salsa yangnyeom, tritura la manzana, la cebolla y el ajo. A continuación, añade el agua, el kétchup, el gochujang, el gochugaru, la salsa de soja, el azúcar, el jarabe de maíz y 1 pizca generosa de pimienta. Calienta a fuego fuerte en una sartén o en un cazo. Baja el fuego cuando la superficie de la salsa se empiece a agitar, justo antes de que rompa a hervir. Remueve con mucho cuidado 1 o 2 veces. Hierve a fuego bajo unos 7 minutos, removiendo de vez en cuando. Añade los buñuelos de pollo y sube a fuego medio. Unta con cuidado toda la superficie de los buñuelos con la salsa (**D**). Hierve a fuego bajo 2 minutos. Sirve los buñuelos con las almendras (o cacahuetes) picadas por encima (**E-F**).

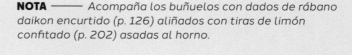

NOTA —— Acompaña los buñuelos con dados de rábano daikon encurtido (p. 126) aliñados con tiras de limón confitado (p. 202) asadas al horno.

VERDURA
채소

Las mesas coreanas siempre están cubiertas de una constelación de platitos: ensaladas, sopas, acompañamientos para compartir... Descubre en este capítulo toda la riqueza y la diversidad de las recetas coreanas basadas en verduras.

Rábano daikon salteado

MU-NAMUL
무나물

«Namul» significa «acompañamiento de verduras» en coreano. Este era el plato preferido de mi abuelo y por eso mi abuela se aseguraba de que nunca faltara en casa.

4 RACIONES
Preparación 10 min
Cocción 20 min

INGREDIENTES
450 g de rábano daikon
2 cm de la parte blanca de un puerro
2 dientes de ajo
1 cucharada de mat ganjang (p. 150)
1 cucharadita de sal
1 cucharadita de azúcar
3 cucharadas de aceite de sésamo
1 cucharada de semillas de sésamo

Pela los rábanos daikon y córtalos en palitos de 0,5 cm de grosor. Pica el puerro y maja el ajo.

Cubre el fondo de una sartén con aceite de sésamo y saltea el puerro y el ajo a fuego fuerte hasta que empiecen a despedir aromas. Añade los palitos de rábano. Haz un hoyo en el centro de los palitos y vierte el mat ganjang. Calienta 15 segundos y remueve para mezclarlo bien con el rábano. Al cabo de 4 minutos, añade la sal y el azúcar, remueve y reduce a fuego medio. Sofríe unos 15 minutos. Si ves que el rábano se empieza a quemar, añade un poco de agua la cocción.

La cocción habrá terminado cuando los palitos de rábano estén translúcidos y se hayan ablandado. Sazona al gusto. Sirve los palitos de rábano daikon con las semillas de sésamo espolvoreadas por encima y disfrútalos calientes o fríos.

Setas salteadas

BEOSEOT-BOKKEUM

버섯볶음

Las setas que he usado en esta receta son típicamente coreanas y me alegro mucho cuando las encuentro en Francia en tiendas de alimentación asiática y, en ocasiones, incluso en grandes superficies.

4 RACIONES
Preparación 5 min
Cocción 10 min

INGREDIENTES
5 setas saesongyi
 (setas de cardo)
2 cm de la parte blanca
 de un puerro
½ cucharada de azúcar
1 cucharada de salsa
 de soja
1 cucharada de salsa
 de ostras
1 cucharada de miel
2 cucharadas de un aceite
 vegetal neutro
½ cucharada de semillas
 de sésamo negro
pimienta

Corta las setas longitudinalmente por la mitad y, a continuación, en láminas largas de 0,5 cm de grosor. Pica el puerro.

Cubre el fondo de una sartén con aceite vegetal y saltea el puerro a fuego fuerte hasta que empiece a despedir aromas. Añade las setas y saltéalas. Cuando empiecen a soltar jugo, haz un hoyo en el centro de la sartén y vierte el azúcar, la salsa de soja y la salsa de ostras. Deja que se calienten 15 segundos y, entonces, remueve para que todo se mezcle bien con las setas. Saltea 2 minutos más.

Apaga el fuego y mantén la sartén sobre el fogón o la placa. Añade la miel y 1 pizca generosa de pimienta. Remueve. Sirve con las semillas de sésamo esparcidas por encima. Disfruta de las setas calientes o frías.

Judías verdes salteadas

GREEN BEANS BOKKEUM

그린빈 볶음

Ideé esta receta cuando ya vivía en Francia. Combina sabores coreanos con sabores mediterráneos y a mi marido francés le encanta.

4 RACIONES
Preparación 15 min
Cocción 15 min

INGREDIENTES
500 g de judías verdes finas
100 g de beicon ahumado
10 dientes de ajo
2 cucharadas de mat ganjang (p. 150)
2 cucharadas de semillas de sésamo
3 cucharadas de aceite de oliva
1 cucharadita de sal

Corta el rabillo de las judías y lávalas. Lleva a ebullición agua con sal en una olla y añade las judías lavadas. Espera a que el agua vuelva a hervir y prolonga la cocción 2 minutos. Escurre inmediatamente las judías y enfríalas bajo el grifo de agua fría. Pela los dientes de ajo, córtalos por la mitad y retira el germen. Corta el beicon en trozos de 1 cm de ancho. Maja a conciencia las semillas de sésamo.

Cubre el fondo de una sartén con aceite de oliva y saltea el ajo a fuego fuerte hasta que se dore. Añade el beicon y saltéalo. Cuando el beicon se haya hecho, añade las judías y el ganjang. Saltea 5 minutos. Añade las semillas de sésamo majadas y sal al gusto. Saltea 2 minutos más. Disfruta de las judías calientes o frías.

Calabacín salteado

HOBAK-NAMUL

호박나물

Cuando preparo «namul», o acompañamientos a base de verduras, siempre hago distintos tipos al mismo tiempo. El primer día, los sirvo con un bol de arroz y, al día siguiente, me gusta añadirlos a un bibimbap (p. 76).

4 RACIONES
Preparación 10 min
Cocción 10 min

INGREDIENTES
2 calabacines
½ cebolla
½ zanahoria
2 dientes de ajo
2 cucharaditas de salsa de anchoas fermentada
1 cucharadita de aceite de sésamo
½ cucharadita de semillas de sésamo
2 cucharadas de un aceite vegetal neutro
sal

Corta los calabacines longitudinalmente por la mitad y, luego, en semicírculos de 0,5 cm de grosor. Corta la cebolla en láminas finas y la zanahoria en palitos finos. Maja el ajo.

Cubre el fondo de una sartén con aceite vegetal y saltea el ajo a fuego fuerte hasta que empiece a emitir aromas. Añade la cebolla y la zanahoria. Saltea hasta que la cebolla se empiece a volver translúcida. Añade el calabacín y la salsa de anchoa fermentada. Saltea 3-5 minutos. El calabacín ha de quedar un poco crujiente. Comprueba el punto de sal y rectifícalo si es necesario.

Retira del fuego y añade el aceite y las semillas de sésamo. Remueve con cuidado dentro de la sartén aún caliente. Disfruta del plato caliente o frío.

Espinacas con sésamo

SIGEUMCHI-NAMUL

시금치나물

4 RACIONES
Preparación 10 min
Cocción 5 min

INGREDIENTES
600 g de espinacas frescas
2 dientes de ajo
1 cm de parte blanca de puerro
½ cucharada de mat ganjang (p. 150)
3 cucharadas de aceite de sésamo
½ cucharada de semillas de sésamo
sal

Maja los dientes de ajo y pica finamente el puerro. Lava las espinacas y corta los tallos que sean demasiado gruesos. Si las hojas son demasiado grandes, córtalas longitudinalmente por la mitad.

Lleva a ebullición agua salada en una olla y añade las espinacas. En cuanto se pochen, pásalas a un colador y enfríalas bajo el grifo de agua fría para detener la cocción. Estruja con la mano un buen puñado de espinacas frías, para eliminar el exceso de agua, y deposítalas en un bol.

Condimenta las espinacas con el ajo, el puerro picado, el mat ganjang y el aceite de sésamo. Frota enérgicamente las semillas de sésamo entre las manos, para que se abran, y añádelas a la preparación. Remueve con cuidado y separa las hojas de espinaca que se hayan pegado. Comprueba el punto de sal y rectifícalo si es necesario.

Brotes de judías con sésamo

SUKJU-NAMUL

숙주나물

4 RACIONES
Preparación 10 min
Cocción 5 min

INGREDIENTES
500 g de brotes de judías mungo
½ zanahoria
2 dientes de ajo
1 cm de parte blanca de puerro
3 cucharadas de aceite de sésamo
½ cucharada de semillas de sésamo
sal

Maja el ajo, ralla la zanahoria y pica el puerro. Lava los brotes de judías con cuidado, para no aplastarlos.

Lleva a ebullición agua con sal en una olla y añade los brotes de judías. Cuécelos 4 minutos, sin tapar la olla. Pásalos a un colador y enfríalos bajo el grifo de agua fría para detener la cocción. Agarra un buen puñado de brotes enfriados y estrújalos, sin aplastarlos demasiado, para eliminar el exceso de agua. Disponlos en un bol.

Añade el ajo, la zanahoria y el puerro a los brotes de judías. Alíñalos con el aceite de sésamo y la sal. Frota enérgicamente las semillas de sésamo entre las manos para que se abran y añádelas a la preparación. Remueve bien con cuidado.

VERDURA

Ensalada de rábano daikon con chile

MU-SAENGCHAE

무 생 채

Me encanta el equilibrio entre los sabores dulces, avinagrados y picantes de esta ensalada, que suelo acompañar de arroz, un huevo frito, un chorrito de aceite de sésamo y un toque de gochujang (pasta de chile coreana). Entonces, lo remuevo todo, como si fuera un bibimbap (p. 76).

---

4 RACIONES
Preparación 15 min
Reposo 40 min

INGREDIENTES
450 g de rábano daikon
1 tallo de cebolleta
3 dientes de ajo
15 g de gochugaru (chile en polvo coreano)
3 cucharadas de azúcar
4 cucharadas de vinagre de manzana
1 cucharada de salsa de anchoas fermentada
½ cucharada de sal, y más para condimentar
½ cucharadita de jengibre molido
1 cucharadita de semillas de sésamo

Corta el rábano daikon en palitos finos. Remuévelos con el azúcar y la sal, deja reposar 10 minutos y desecha el líquido que hayan soltado. Corta el tallo de la cebolleta en trozos de 0,5 cm y maja el ajo.

Una vez transcurridos los 10 minutos de reposo, añade todas las verduras al bol del rábano daikon escurrido. Añade a continuación el gochugaru, el vinagre, la salsa de anchoas, las semillas de sésamo y el jengibre molido. Remueve bien y deja reposar al menos 30 minutos para que el rábano absorba el aliño.

Sirve frío y, si es necesario, corrige el punto de sal del aliño.

Bibimbap casero

BIBIMBAP
비빔밥

«Bibimbap» se traduce, literalmente, como «arroz mezclado». Es un plato muy casero que permite aprovechar los restos de las verduras cocinadas durante la semana

SALE 1 BOL
Preparación 10 min
Cocción 3 min

INGREDIENTES

1 bol de arroz blanco cocido (p. 14), caliente
1 puñado de rábano daikon salteado (p. 64)
1 puñado de espinacas con sésamo (p. 72)
1 puñado de brotes de judías con sésamo (p. 72)
1 puñado de setas salteadas (p. 66)
1 puñado de calabacín salteado (p. 70)
1 puñado de ensalada de rábano daikon con chile (p. 74)
1 huevo
1 cucharada de un aceite vegetal neutro
piñones o semillas de sésamo

Salsa
20 g de gochujang (pasta de chile coreana)
1 cucharada de aceite de sésamo

Cubre con aceite vegetal el fondo de una sartén de 9 cm de diámetro. Calienta el aceite a fuego medio. Casca el huevo en la sartén y empuja la yema cuidadosamente con una cuchara para que quede en el centro. Mantenla así en el sitio hasta que cuaje un poco y se fije. Reduce a fuego bajo y mantén al fuego hasta que la clara haya cuajado.

Vuelca un bol de arroz caliente en el cuenco donde vayas a servir el plato. Coloca el huevo encima, con la yema justo en el centro de la cúpula de arroz. Dispón alrededor el rábano daikon salteado, las espinacas, la ensalada de daikon con chile, los brotes de judías mungo con sésamo, las setas salteadas y el calabacín salteado. Evita que se toquen ingredientes del mismo color. Esparce por encima algunos piñones o semillas de sésamo.

Vierte los ingredientes de la salsa directamente en el bol. Si prefieres una versión menos picante, sustituye el gochujang por salsa de soja.

Para consumir el bibimbap, mezcla todos los ingredientes con una cuchara y asegúrate de cortar bien el huevo. Los ingredientes y la salsa han de quedar repartidos de manera homogénea.

NOTA ——— *Si quieres probar una versión con carne, puedes añadir, por ejemplo, restos de ternera bulgogi (p. 154) o de cerdo bulgogi (p. 138).*

Los condimentos

PASTA DE SOJA FERMENTADA Y PASTA DE CHILE

UNA PRÁCTICA ANCESTRAL

La tradición de preparar pasta de soja fermentada se remonta al principio de los tiempos. Los primeros registros escritos acerca de su preparación datan de hace más de 1800 años, aunque se cree que podría ser mucho más antigua. Esta práctica ancestral ha dado lugar a dos tesoros de la cocina coreana: la **pasta de soja doenjang** y la **pasta de chile**. Para la primera, se recurría a un chamán, que determinaba la fecha precisa entre otoño y principios de invierno en que había que empezar a prepararla. Las supersticiones y los rituales para evitar que los malos espíritus se introdujeran en la preparación y la echaran a perder eran muy habituales.

LA PREPARACIÓN TRADICIONAL

Todo comienza con el secado de las semillas de soja. Una vez secas, se hierven y luego se muelen. Una vez obtenida la pasta, se moldea en unos bloques que reciben el nombre de «meju» y que se secan y se recubren de plantas de arroz. Gracias a ellas o, para ser precisos, gracias a las bacterias beneficiosas que contienen, comienza el lento proceso de fermentación indispensable para la conservación y que puede durar hasta tres meses. A continuación, comienza la segunda etapa de la fermentación, que consiste en sumergir los bloques de meju en salmuera en el interior de jarras estancas. Y es ahí donde se desarrollan los sabores particulares y el picante. La versión pura produce dos ingredientes: por un lado, el **doenjang**, la pasta de soja fermentada, pero también una salsa de soja clara especialmente sutil que recibe el nombre de «joseon ganjang». El resto de la salmuera de meju, condimentada con chile y otros ingredientes, como harina de arroz, se convierte en **gochujang**, la pasta de chile fermentada coreana.

PRODUCTOS LISTOS PARA USAR

La complejidad del proceso ha llevado a que, por lo general, estos productos ya no se preparen en casa, aunque en Corea quedan algunos productores artesanos. Se pueden comprar en tiendas de alimentación asiática o incluso en sitios de internet generalistas. Como están fermentados, una vez abiertos se conservan varios meses en el frigorífico sin que su calidad se vea afectada.

Raíces de loto dulces y saladas

YEONGEUN-JORIM
연근조림

Me encanta el aspecto de las raíces de loto en esta receta, porque se las ve crujientes incluso una vez cocidas. La combinación de esta salsa dulce y salada con el sabor de la planta no tiene igual.

4 RACIONES
Preparación 10 min
Reposo 20 min
Cocción 50 min

INGREDIENTES
500 g de raíces de loto
7 cucharadas de salsa de soja
2 cucharadas de vino blanco
4 cucharadas de azúcar
1 cucharada de miel
2 cucharadas de un aceite vegetal neutro
½ cucharada de semillas de sésamo
1 cuadrado de 10 cm de alga dasima (kombu)
1 cucharada de vinagre blanco

Vierte 500 ml de agua en una cazuela y añade el alga dasima. Lleva a ebullición y cuece el alga 20 minutos a fuego medio. Desecha el alga y reserva el caldo.

Pela las raíces de loto y córtalas en rodajas de 1 cm de grosor. Deposítalas en una cazuela y cúbrelas con agua fría. Añade el vinagre. Lleva a ebullición a fuego fuerte y cuece 10 minutos. Escurre y enjuaga las raíces de loto bajo el grifo de agua fría. Desecha el agua de cocción.

En una ensaladera, reboza las raíces de loto en el azúcar. Déjalas reposar a temperatura ambiente, hasta que el azúcar se haya disuelto.

Calienta una sartén pintada de aceite vegetal. Cuando el aceite se haya calentado un poco, añade las raíces de loto con su jugo azucarado. Vierte por encima la salsa de soja, el vino blanco y el caldo de alga que has reservado. Mantén a fuego medio unos 20-30 minutos, o hasta que todo el líquido se haya evaporado. Apaga el fuego y añade la miel y la semillas de sésamo.

Puedes disfrutar de este acompañamiento templado o frío y se conservará hasta 5 días en el frigorífico.

NOTA —— *Puedes usar 400 ml de agua en lugar del caldo de alga dasima y 8 cucharadas de mat ganjang (p. 150) en lugar de las 7 cucharadas de salsa de soja.*

Ensalada de tofu

DUBU-SALAD

두부샐러드

Esta ensalada ligera es un acompañamiento ideal para los aperitivos coreanos. Es lo que llamamos «anju», un plato para compartir con amigos regado con una cerveza.

2 RACIONES
Preparación 10 min
Cocción 15 min

INGREDIENTES
300 g de tofu firme
20 tomates cherry
½ pimiento amarillo
¼ de lechuga hoja de roble roja
3 cucharadas de un aceite vegetal neutro
300 g de canónigos
semillas de sésamo negro
sal

Salsa
½ limón
½ chalota
4 cucharadas de mat ganjang (p. 150)
2 cucharadas de aceite de oliva
½ cucharadita de pimienta

Corta el bloque de tofu en dados de 1,5 cm. Cubre de aceite vegetal el fondo de una sartén, caliéntala y añade los dados de tofu. Saltea a fuego medio hasta que se hayan dorado por todas las caras. Cuando gires los dados, hazlo con ayuda de una espátula y de una cuchara, para no romperlos. Sazónalos por todas las caras durante la cocción. Una vez hechos, deja que se enfríen sobre papel absorbente.

Corta el pimiento en láminas finas. Corta los tomates cherry por la mitad.

Pica la chalota. Para la salsa, exprime el limón y mezcla el jugo con el resto de los ingredientes. Añade la chalota a la salsa.

Dispón la hoja de roble y los canónigos en los boles donde vayas a servir la ensalada. Reparte el tofu, el pimiento y los tomates cherry. Esparce por encima las semillas de sésamo y aliña con la salsa.

VERDURA

Ensalada de surimi

KEURAEMI-SALAD

크래미 샐러드

4 RACIONES
Preparación 10 min
Reposo 10 min

INGREDIENTES
12 palitos de surimi
¼ de lechuga de hoja verde
¼ de cebolla
⅓ de pepino
1 cucharada de semillas de sésamo

Salsa
2 cucharaditas de vinagre de manzana o de sidra
2 cucharadas de azúcar
1 cucharada de salsa de soja
1 cucharadita de mostaza
½ cucharadita de pimienta

Lava la lechuga, escúrrela y parte las hojas con la mano. Corta la cebolla en rodajas finas y ponla en remojo en un bol de agua con unas gotas de vinagre. Déjala reposar 10 minutos y escúrrela. Corta el pepino en bastoncitos. Maja bien las semillas de sésamo. Desmenuza los palitos de surimi con la mano.

Para la salsa, mezcla todos los ingredientes.

Monta la ensalada, incluyendo la salsa y las semillas de sésamo, justo antes de servirla.

84

Patatas salteadas con sésamo

GAMJACHAE-BOKKEUM

감자채볶음

Este acompañamiento a base de patatas es uno de mis preferidos. Marida muy bien con múltiples platos coreanos, como por ejemplo las hojas de alga gim aliñadas o incluso un sencillo bol de arroz blanco.

4 RACIONES
Preparación 15 min
Cocción 20 min

INGREDIENTES
6 patatas medianas
½ zanahoria
½ cebolla
1 cucharadita de sal
pimienta
semillas de sésamo
aceite vegetal neutro

Pela las patatas y córtalas en bastoncitos lo más finos posibles. Corta la zanahoria de la misma manera y lamina finamente la cebolla.

Calienta una sartén con abundante aceite. Deposita los palitos de patata, añade sal y saltea 5 minutos, para que la patata quede bien untada de aceite. Añade la cebolla y la zanahoria. Saltea 10-15 minutos más, con cuidado para que nada se queme y añadiendo un poquito de agua con regularidad.

Apaga el fuego cuando las verduras estén hechas, pero sigan estando ligeramente crujientes. Comprueba el punto de sal y corrígelo si es necesario. Añade una pizca de pimienta. Frota 1 puñado de semillas de sésamo entre las manos, para que se abran, y añádelas a la preparación.

Sirve las patatas como acompañamiento, calientes o frías.

Sopa helada con algas

MIYEOK-NAENGGUK

미역냉국

Esta sopa fría es ideal para los días calurosos, ya sea en Corea o en cualquier otro lugar.

4 RACIONES
Preparación 15 min
Reposo 20 min

INGREDIENTES
10 g de alga miyeok (wakame)
100 g de rábano daikon
½ zanahoria
¼ de cebolla
½ cucharada de sal
5 cucharadas de azúcar
100 ml de vinagre de manzana o de vino blanco
1 cucharadita de salsa de anchoas fermentada
2 cucharadas de mat ganjang (p. 150)
1 pizca de semillas de sésamo
600 ml de agua mineral
cubitos de hielo para servir

Deja las algas en remojo en agua abundante 20 minutos para que adquieran volumen. Escúrrelas y viérteles 1 litro de agua hirviendo por encima antes de enfriarlas bajo el grifo de agua fría. Escúrrelas de nuevo, estrújalas con la mano para eliminar el exceso de agua y córtalas groseramente con un cuchillo.

Corta el rábano daikon en palitos finos y marínalos en 1 cucharada de azúcar 15 minutos. Escúrrelos y estrújalos con suavidad en la mano para extraer un poco de jugo. Corta la zanahoria en palitos finos. Corta la cebolla en láminas finas y deja reposar 10 minutos en un bol de agua fría con unas gotas de vinagre. Escurre.

En una ensaladera, mezcla las algas, el vinagre y 4 cucharadas de azúcar. Añade la cebolla, la zanahoria, el rábano daikon, la salsa de anchoas fermentada, el mat ganjang y el agua mineral. Vuelve a mezclar. Sazona.

Antes de servir, esparce semillas de sésamo por encima y añade algunos cubitos a la ensaladera.

NOTA —— *En Corea, el verano es muy caluroso y prolongado. Las comidas coreanas casi siempre contienen al menos una sopa, por lo que este tipo de preparación muy fría ayuda a soportar los rigores del clima. Acompaña la sopa con un juk (p. 26) o un bibimbap (p. 76).*

Pimientos rellenos

PAPRIKA GYERAN-JJIM

파프리카 계란찜

Esta sencillísima receta es mi versión personal de un plato tradicional, inspirada en un famoso actor coreano. Me gustan mucho los dos...

PARA 3 PIMIENTOS
Preparación 10 min
Cocción 30 min

INGREDIENTES
3 pimientos medianos
⅓ de zanahoria
5 tallos de cebolla china
6 huevos
1 cucharadita de ajo en polvo
sal, pimienta
queso rallado (opcional)

Corta la parte superior de los pimientos y vacíalos sin romperlos, de modo que te queden 3 boles.

Pica la zanahoria y la cebolla china. Mézclalas con los huevos batidos y con una cantidad generosa de sal, pimienta y ajo en polvo.

Rellena los pimientos con la preparación de huevo hasta 0,5 cm del borde. Acaba de rellenar el espacio restante con 1 puñado generoso de queso rallado (si lo utilizas).

Deposita en una bandeja de horno los pimientos rellenos y las partes superiores que has cortado y métela 30 minutos en un horno precalentado a 180 °C (con ventilador) o a 200 °C (sin ventilador). Coloca junto a los pimientos un recipiente apto para horno lleno de agua, para evitar que se resequen durante la cocción.

KIMCHI Y ENCURTIDOS
김치와 장아찌

El kimchi es mucho más que una receta: es una forma de vida y una tradición que comparten todas las familias coreanas. Aprende a fermentar verduras, sigue este proceso paso a paso y descubre el maravilloso poder del kimchi en la cocina cotidiana.

Kimchi de col china

BAECHU-KIMCHI

배추김치

SALEN UNOS 3 KG
Preparación 1 h 15 min
Reposo 4-6 h + 24 h
Cocción 10 min

INGREDIENTES
Salmuera
*2 coles chinas,
  de aproximadamente
  1,8 kg cada una
350 g de sal gruesa gris
2 l de agua*

Marinada
*15 g de harina de arroz
100 g gochugaru (chile
  en polvo coreano)
70 g de salsa de anchoas
  fermentada
50 g de azúcar
80 g de ajo
10 g de jengibre
1 pera
1 cebolla pequeña
1 manojo de cebolletas
400 g de rábano daikon
flor de sal*

Corta con cuidado el extremo duro de las coles y deséchalo, asegurándote de que las hojas sigan unidas. Corta las coles en 4 cuartos cada una. Para ello, usa un cuchillo largo y muy afilado y corta la col longitudinalmente hasta dos tercios de su altura partiendo de la base. Separa las dos partes con la mano (**A**), de modo que las hojas se desgarren. Repite el proceso con las dos mitades y obtendrás los cuartos de col. Diluye 200 g de sal gruesa en el agua y remueve con energía para obtener la salmuera. Remoja todos los cuartos de col en la salmuera y riégalos con generosidad. Luego, frota 1 puñado de sal gruesa entre las hojas de cada cuarto de col, al nivel de la base rígida.

Deposita los cuartos de col, con el interior de las hojas hacia arriba, en un recipiente con el resto de la salmuera. Deja reposar de 3 a 5 horas y comprueba la elasticidad de las hojas. El proceso habrá terminado cuando la base dura se doble entre los dedos sin romperse. Enjuaga la col 3 veces seguidas y deja que se escurra al menos 1 hora.

Prepara la sopa de harina de arroz (**B**). Vierte 300 ml de agua y la harina de arroz en una cazuela. Mezcla y lleva a ebullición, sin dejar de remover. Reduce el fuego y sigue removiendo unos 10 minutos. Deja que la sopa de harina de arroz se enfríe, añade el gochugaru y remueve (**C**).

Tritura el jengibre, la cebolla y ½ pera. Añade la mezcla a la harina de arroz. Añade ahora la salsa de anchoas (**D**), el azúcar, el ajo previamente majado y las cebolletas cortadas a lo ancho en cuartos y luego longitudinalmente por la mitad. Corta el rábano daikon y la mitad de pera restante en palitos finos y añádelos a la preparación. Termina con la flor de sal al gusto.

Unta con la marinada los cuartos de col (**E**), sin olvidarte de untar entre las hojas. Mete los cuartos de col en un recipiente hermético, con las hojas exteriores hacia abajo (**F**). No superes el 70 % de volumen del recipiente. Tapa los cuartos de col con hojas sueltas y con papel film. Cierra herméticamente. Deja reposar 24 horas en un lugar oscuro y a temperatura ambiente y luego en el frigorífico hasta 6 meses.

NOTA —— El kimchi se puede consumir «fresco» los 10 primeros días después de su preparación. La fermentación comienza a partir de las 3 semanas, aproximadamente. Si lo quieres consumir fresco mientras fermenta, guarda una pequeña cantidad en otro recipiente.

Kimchi de pepino

OI-SOBAGI

오이소박이

Acostumbro a preparar este kimchi para celebrar la llegada de la primavera. Esta receta plasma a la perfección este periodo del año durante el que la naturaleza recupera todo su color y el perfume de los brotes nuevos.

SALEN UNOS 1,5 KG
Preparación 50 min
Reposo 5-8 h + 24 h

INGREDIENTES
Salmuera
15 pepinos pequeños (1,5 kg)
100 g de sal gruesa gris, y más para frotar el pepino
1 l de agua

Marinada
80 g de cebolla china
2 cebolletas
50 g de ajo
50 g de gochugaru (chile en polvo coreano)
50 g de salsa de anchoas fermentada
60 g de sopa de harina de arroz (p. 94)
flor de sal

Prepara los pepinos: corta 0,5 cm por cada extremo y lávalos con agua fría mientras los frotas con sal gruesa para eliminar las impurezas de la piel. Deposítalos en una ensaladera grande. Mezcla 100 g de sal gruesa con 1 litro de agua, remueve hasta que la sal se haya diluido y vierte el líquido sobre los pepinos. Deja reposar 5-8 horas, girando los pepinos de arriba abajo cada 1 h 30 min. Para comprobar que la salmuera haya finalizado, dobla con suavidad uno de los pepinos. Ha de ser flexible y doblarse sin romperse. Enjuaga los pepinos dos veces bajo el grifo y sécalos.

Prepara la guarnición de los pepinos. Vierte la sopa de harina de arroz en una ensaladera. Lava y corta la cebolla china en trocitos de 1 cm. Corta los bulbos de las cebolletas en palitos y los tallos primero longitudinalmente por la mitad y luego en trozos de 1 cm. Maja el ajo. Mezcla las verduras con la sopa de harina de arroz y añade el gochugaru y la salsa de anchoas fermentadas. Remata con flor de sal al gusto.

Corta los pepinos. Para ello, primero córtalos por la mitad a lo ancho, y luego, pon derecha cada mitad, con la parte cortada hacia arriba, y córtala en 4 de arriba abajo dejando 1 cm del extremo inferior, para que se abran como 4 bastones unidos por la base. Repite con todas las mitades. Rellena el interior de las mitades de pepino con 1 o 2 pellizcos de la guarnición. Pinta el exterior también con la marinada.

Llena un tarro hasta el 70 % de su volumen con los trozos de pepino muy planos y en varias capas. Tapa con papel film y cierra el tarro. Deja reposar 24 horas a temperatura ambiente en un lugar oscuro y luego mete el tarro en el frigorífico. Este kimchi se puede consumir fresco o fermentado a partir de las 24 horas de refrigeración. Los pepinos seguirán crujientes unos 2 meses.

Kimchi de rábano daikon

KKAKDUGI
깍 두 기

Me encanta cocinar este kimchi cuando llega el frío. Creo que combina a la perfección como acompañamiento de sopas reconfortantes.

SALEN UNOS 1,6 KG
Preparación 40 min
Reposo 4 h 30 min + 24 h

INGREDIENTES
Salmuera
1,5 kg de rábano daikon, pelado (o de rábano negro o nabo)
40 g de sal gruesa
50 g de azúcar
250 ml de agua con gas

Marinada
5 cm de la parte blanca de un puerro
60 g de gochugaru (chile en polvo coreano)
50 g de salsa de anchoas fermentada
½ pera
½ cebolla
60 g de ajo
1 cucharadita de jengibre molido
½ cucharada de flor de sal
2 cucharadas de azúcar
110 g de sopa de harina de maíz (p. 94)

Corta el rábano daikon en trozos de 1,2 cm de grosor y cada trozo en cuartos. Depositálos en una ensaladera y añade la sal gruesa, el azúcar y el agua con gas. Amasa con la mano para que el azúcar y la sal penetren en profundidad. Deja reposar unas 4 horas a temperatura ambiente. La salmuera estará terminada cuando los trozos de rábano daikon adquieran una textura elástica. Enjuaga los trozos de rábano bajo el grifo. Déjalos escurrir al menos 30 minutos.

Para la marinada, añade el gochugaru a la sopa de harina de maíz fría (la técnica de preparación es idéntica a la de la sopa de harina de arroz, en la p. 94). Tritura juntas la pera, la cebolla y la salsa de anchoas fermentada y, luego, añade la mezcla a la sopa de harina de maíz y el gochugaru. Maja el ajo y añádelo a la preparación, junto al jengibre en polvo. Corta el puerro en láminas finas y mézclalas con la preparación. Termina la marinada con la flor de sal y el azúcar.

Mezcla los trozos de rábano daikon y la salsa. Deposita la mezcla en un tarro, sin superar el 70 % de su volumen. Tapa con papel film y aprieta para expulsar el máximo de aire. Cierra el tarro herméticamente. Deja reposar 24 horas en un lugar oscuro y a temperatura ambiente y, luego, traslada el tarro al frigorífico hasta 6 meses. El sabor de este kimchi es óptimo un vez ha fermentado bien, es decir, al cabo de unas 3 semanas.

Kimchi de cebolla china

PA-KIMCHI

파 김 치

Cuando echo de menos Corea, cocino este kimchi, que me permite conectar con los sabores de casa. Este es, sin duda, uno de los kimchis más fáciles de preparar.

SALEN UNOS 500 G
Preparación 45 min
Reposo 30 min + 24 h

INGREDIENTES
Salmuera
400 g de cebolla china
50 ml de salsa de anchoas fermentada

Marinada
40 g gochugaru (chile en polvo coreano)
¼ de pera
¼ de cebolla
25 g de ajo
½ cucharadita de jengibre molido
1 cucharada de limón confitado (p. 202)
30 g de sopa de harina de arroz (p. 94)
1 cucharada de azúcar

Enjuaga bien los tallos de la cebolla china y corta las raíces. Deposita el manojo de cebolla china, con el bulbo hacia abajo, en una ensaladera grande. Vierte la salsa de anchoas por encima, directamente sobre la parte inferior. Todo el tallo ha de quedar bien untado. Extiende la salsa con la mano, deslizándola de abajo hacia arriba. Cada 10 minutos, durante media hora, reparte la salsa del mismo modo, desde el fondo de la ensaladera hasta la parte superior de los tallos.

Añade el gochugaru a la sopa de harina de arroz. Tritura la pera y la cebolla y maja el ajo. Añade la mezcla a la sopa de harina y vierte la preparación en la ensaladera con la cebolla china. Añade el limón confitado, el jengibre molido y el azúcar. Remueve y unta todos los tallos de cebolla china con la marinada.

Deposita la cebolla china en un recipiente hasta alcanzar el 70 % del volumen de este. Tapa con papel film y presiona para expulsar el máximo de aire posible. Cierra el recipiente herméticamente. Deja reposar 24 horas en un lugar oscuro y a temperatura ambiente y luego en el frigorífico hasta 1 mes.

Kimchi blanco

BAEK-KIMCHI
백김치

SALEN UNOS 3 KG
Preparación 1 h 15 min
Reposo 4-6 h + 24 h

INGREDIENTES

Salmuera
2 kg de col china
350 g de sal gruesa gris
2 l de agua

Guarnición
200 g de rábano daikon
   (o negro o nabo)
½ pera
½ zanahoria
5 tallos de cebolla china
2 jínjoles secos
½ chile rojo (opcional)
1 cucharada de flor de sal
1 cucharada de azúcar

Marinada
½ pera
½ cebolla
50 g de ajo
60 g de sopa de harina
   de arroz (p. 94)
2 cucharadas de salsa
   de anchoas fermentada
3 cucharada de
   saenggang-cheong
   (p. 206)
1 cucharada de flor de sal
600 ml de agua mineral

Corta con cuidado y desecha el extremo duro de las coles, asegurándote de que las hojas sigan unidas. Corta las coles en cuartos cada una. Para ello, usa un cuchillo largo y muy afilado y corta la col longitudinalmente hasta dos tercios de su altura partiendo de la base. Separa las dos partes con la mano y desgarra la parte superior de las hojas. Repite el proceso con las dos mitades, de modo que la col quede partida en cuartos. Diluye 200 g de sal gruesa en el agua y remueve enérgicamente hasta que obtengas una salmuera. Remoja los cuartos de col en la salmuera y riégalos con generosidad. Reparte 1 puñado de sal gruesa entre las hojas de los cuartos, al nivel de la base rígida.

Deposita los cuartos de col, con el interior de las hojas hacia arriba, en un recipiente con el resto de la salmuera. Deja reposar 3-5 horas y comprueba la elasticidad de las hojas. La salmuera estará lista cuando la base dura se doble entre los dedos sin romperse. Enjuaga las coles 3 veces seguidas y déjalas escurrir al menos 1 hora.

Para la marinada, tritura la pera, la cebolla y el ajo. Cuela el jugo que has obtenido y la sopa de harina de arroz por un colador de malla fina colocado sobre un bol. Presiona con un cucharón y añade agua mineral para facilitar la extracción del jugo. Cuando ya solo queden las fibras, deséchalas. Si ha sobrado agua, añádela al jugo obtenido. Condimenta con la salsa de anchoas fermentada, el saenggang-cheong y la flor de sal.

Para la guarnición, corta el rábano daikon, la pera, la zanahoria y el chile rojo en palitos finos. Corta la cebolla china en trozos de 5 cm. Retira el hueso de los jínjoles y córtalos en palitos finos. Mezcla todos los ingredientes con la flor de sal y el azúcar.

Mete 2 o 3 pizcas de guarnición entre cada hoja de col y rodea cada cuarto de col con la primera hoja exterior. Deposita los cuartos de col en un recipiente, con el interior de las hojas hacia arriba, y cúbrelos con la marinada hasta un máximo del 80 % del volumen del recipiente. Cierra herméticamente. Deja reposar 24 horas en un lugar oscuro a temperatura ambiente antes de meterlo en el frigorífico hasta 6 meses. Este kimchi se puede consumir a partir de las 2 semanas de refrigeración.

NOTA —— *Este kimchi es muy beneficioso para la digestión.*

Kimchi salteado

KIMCHI-BOKKEUM
김치볶음

Se trata de una receta sabrosa con un kimchi de col muy fermentado. Acostumbro a usarla de muestra cuando me piden consejo sobre este tema, porque se trata de una versión muy fácil de preparar.

4 RACIONES
Preparación 5 min
Cocción 10 min

INGREDIENTES
2 cuartos de kimchi de col china (p. 94)
3 cm de la parte blanca de un puerro
1½ cucharadas de azúcar
2 cucharadas de un aceite vegetal neutro
1 cucharada de aceite de sésamo

Corta los cuartos de kimchi de col en láminas longitudinales de 2 cm. Pica el puerro.

Cubre el fondo de una sartén con aceite vegetal y saltea el puerro a fuego fuerte hasta que empiece a despedir aromas. Añade el kimchi y el azúcar a la sartén. Saltea a fuego medio 5-10 minutos hasta que el kimchi se empiece a fundir. Si está demasiado seco, añade 3 cucharadas de agua durante la cocción.

Apaga el fuego y deja la sartén sobre el fogón o la placa de cocción. Riega con aceite de sésamo y mezcla.

NOTA ———— *Si sirves este plato como acompañamiento, esparce por encima rodajitas de puerro y semillas de sésamo. Si lo sirves como plato principal, acompáñalo de arroz y 1 yema de huevo cruda, esparce cebolleta picada por encima y riégalo con una cucharadita de aceite de sésamo.*

El kimchi

Si hay un plato especialmente asociado a la cultura gastronómica coreana, ese es el kimchi. La palabra «kimchi» denota el proceso de lacto-fermentación de verduras en salmuera. Aunque existen muchas clases de kimchi, el más conocido y consumido es el baechu-kimchi, el kimchi de col china (p. 94). Y con razón, porque tanto puede acompañar a la mayoría de las comidas como ser un ingrediente más de múltiples platos coreanos.

UN POCO DE HISTORIA

La historia del kimchi se remonta a hace más de 2000 años, una época en la que los coreanos ya eran célebres por su experiencia en cuestiones de fermentación. Las verduras se sumergían en una salmuera y se condimentaban antes de introducirlas en unas vasijas especiales («ongi») que se enterraban para protegerlas de la luz y del calor. Así, los coreanos podían seguir consumiendo verduras durante los crudos inviernos de la península. De todos modos, el kimchi de la época no tenía chile, que los mercaderes portugueses importaron a Corea mucho después.

LA LACTO-FERMENTACIÓN NATURAL

El kimchi es un ingrediente vivo, como los quesos verdes o azules. Si se conserva bien (actualmente en el frigorífico, en lugar de bajo tierra), desarrollará el sabor y la textura a lo largo de semanas o meses, en función de las verduras utilizadas. Aunque durante los primeros días se mantienen frescas y crujientes, se transforman sin echarse a perder a medida que la fermentación avanza. Es un proceso de lacto-fermentación natural, facilitado por la salmuera y por algunos ingredientes clave. El sabor en ocasiones avinagrado del kimchi es siempre natural. Jamás se le añade vinagre y el kimchi no es un encurtido (otra manera de conservar alimentos a largo plazo). La lacto-fermentación y el uso de una cantidad importante de ajo desde el comienzo han dado al kimchi la reputación de ser un alimento bueno para la salud, incluso más allá de las fronteras coreanas. Sobre todo cuando es casero.

EL KIMJANG, UNA PRÁCTICA FAMILIAR

El kimjang es una práctica cultural coreana desarrollada gracias al kimchi. «Kimjang» es como se denomina a la tradición según la cual las familias se reúnen a principios de otoño para preparar juntas kimchi casero (a veces, centenares de coles se transforman en kimchi a lo largo de un día). Al terminar, el fruto del trabajo se reparte entre los miembros de la familia, que lo disfrutarán durante meses. La Unesco ha reconocido como patrimonio cultural inmaterial de la humanidad esta práctica ancestral y típicamente coreana que incluye la técnica de preparación del kimchi.

Kimchi salteado con cerdo

KIMCHI-JEYUK

김치제육

Este delicioso plato a base de kimchi de col y de lomo de cerdo resulta muy agradable en familia o con amigos, acompañado de un bol de makgeolli (vino de arroz coreano).

4 RACIONES

Preparación 10 min
Reposo 20 min
Cocción 40 min

INGREDIENTES

600 g de lomo de cerdo
350 g de kimchi de col china (p. 94)
10 cm de la parte blanca de un puerro
3 cucharadas de azúcar
50 ml de alcohol destilado (soju o ginebra)
40 g de maeun yangnyeomjang (p. 152)
1 cucharada de salsa de anchoas fermentada

Tofu

200 g de tofu firme
3 cucharadas de un aceite vegetal neutro
sal

Corta el lomo en lonchas finas con un cuchillo afilado. Para que te sea más fácil, lo puedes meter en el congelador 4 horas antes de cortarlo. Adoba las lonchas de cerdo en azúcar 20 minutos. Corta el kimchi de col en láminas de 2 cm de ancho. Corta el puerro al bies en trozos de 1 cm de grosor. Mezcla el kimchi, el alcohol destilado y el maeun yangnyeomjang con la carne.

Calienta una sartén a fuego fuerte y saltea la mezcla de cerdo y kimchi 30 minutos. Añade un poco de agua durante la cocción si la mezcla queda demasiado seca. Añade el puerro y saltea 10 minutos más. Condimenta con la salsa de anchoas fermentada.

Corta el tofu en rectángulos gruesos de 1,5 cm. Cubre el fondo de una sartén con aceite vegetal y caliéntala. Fríe el tofu a fuego medio hasta que las dos caras se doren bien. Da la vuelta a los trozos de tofu con una espátula y una cuchara, para evitar que se rompan. Sazónalos durante la cocción. Una vez retirados del fuego, déjalos enfriar sobre papel absorbente.

NOTA ⎯⎯⎯ Deposita un poco de kimchi y de lomo de cerdo sobre un rectángulo de tofu y cómelo todo junto. Es más fácil de comer si preparas hojas de lechuga verde, que cada uno podrá rellenar con kimchi-jeyuk.

Ragú de kimchi

KIMCHI-JJIGAE

김 치 찌 개

Este plato a base de kimchi es uno de los más reconfortantes para la gran mayoría de los coreanos. Me gusta acompañarlo de un bol de arroz blanco con un huevo frito encima.

---

4 RACIONES
Preparación 10 min
Cocción 30 min

INGREDIENTES

*500 g de kimchi de col
  china (p. 94)
300 g de paletilla
  de cerdo sin hueso
200 g de tofu firme
1 cebolla
1 cebolleta con el tallo
2 dientes de ajo
2 cucharadas de salsa
  de anchoas fermentada
1 cucharada de azúcar
500 ml de agua*

Corta el kimchi en láminas de 2 cm de ancho y la paletilla de cerdo en trozos del tamaño de un bocado. Corta la cebolla en dados. Cuartea el bulbo de la cebolleta y mézclalo con la cebolla. Corta al bies el tallo de la cebolleta y resérvalo. Maja el ajo. Corta el tofu firme en rectángulos de 1 cm de grosor.

Calienta a fuego fuerte una cacerola. Cuando esté muy caliente, añade el kimchi y esparce el azúcar por encima. Deposita la carne de cerdo encima del kimchi y riega de forma homogénea con la salsa de anchoa. Añade el ajo majado. Saltea unos minutos, hasta que la carne se dore y el kimchi se empiece a volver translúcido. Añade el agua y los trozos de cebolla y remueve.

Hierve a fuego medio 20 minutos, sin tapar. Cuando falten 5 minutos para terminar la cocción, prueba el caldo y, si es necesario, añade más salsa de anchoas fermentada. Añade el tofu y el tallo de la cebolleta. Sirve caliente.

Bossam kimchi y cerdo al vapor

BOSSAM

보 쌈

4 RACIONES
Preparación 10 min
Reposo 30 min
Cocción 50 min

INGREDIENTES
Acompañamiento de col china
¼ de col china en salmuera, escurrida (véase este paso de la receta de kimchi de col china, p. 94)

Cerdo al vapor
600 g de panceta de cerdo
70 g de doenjang (pasta de soja fermentada)
20 granos grandes de pimienta negra
4 dientes de ajo
½ cebolla
½ parte verde de un puerro (4 hojas)
250 ml de alcohol destilado (soju o ginebra)

Bossam kimchi
400 g de rábano daikon
3 tallos de cebolla china (o 2 tallos de cebolleta, sin el bulbo)
½ pera
20 g de gochujang (pasta de chile coreana)
3 dientes de ajo
3 cucharadas de salsa de anchoa fermentada
3 cucharadas de gochugaru (chile en polvo coreano)
1 cucharada de flor de sal
6 cucharadas de azúcar
2 cucharadas de saenggang-cheong (p. 206)

Lleva a ebullición 1,5 litros de agua en una cazuela. Corta la panceta longitudinalmente por la mitad e introduce los dos trozos en el agua. Añade el doenjang, el ajo, los granos de pimienta, la cebolla, las hojas de puerro y el alcohol. Tapa la cazuela y cuece a fuego fuerte 10 minutos. Retira parcialmente la tapa y mantén a fuego medio 30 minutos y luego a fuego bajo otros 10 minutos.

Mientras el cerdo se hace, corta el rábano daikon en bastoncitos de 0,5 cm. Marínalos 30 minutos en 5 cucharadas de azúcar y la flor de sal. Remueve cada 10 minutos. Enjuágalos rápidamente bajo el grifo. Escúrrelos y estrújalos con la mano hasta que ya no salga líquido.

Corta la pera en palitos de 0,5 cm. Corta la cebolla china en trozos de 3 cm. Maja el ajo. En una ensaladera, mezcla el rábano daikon, la pera, la cebolla china, el ajo, el gochugaru, la salsa de anchoas fermentada, 1 cucharada de azúcar y el saenggang-cheong.

Corta el cerdo en rodajas finas. Sirve con el bossam kimchi. Enjuaga las tres hojas exteriores de la col en salmuera y disponlas junto a la carne.

Para comer, envuelve la carne y el bossam kimchi en las hojas de col.

NOTA ——— Este plato se suele comer al final del día de preparación del kimchi de col, lo que explica que se usen cuartos de col en salmuera. En lugar del bossam kimchi, también puedes usar el resto de la marinada del kimchi de col china (p. 94), salsa ssamjang (p. 160) o una salsa preparada con 1 cucharada de salsa de anchoas fermentada, 1 diente de ajo majado, ⅓ de chile verde picado y 1 cucharadita de gochugaru (chile en polvo coreano).

Ragú de kimchi con puré de tofu

BIJI-JJIGAE
비지찌개

Este es, sin lugar a dudas, uno de mis platos preferidos para comer entre semana. Me gusta acompañarlo de platillos como caballa a la plancha, kimchi, jangajji, hojas de alga gim aliñadas...

4 RACIONES
Preparación 10 min
Cocción 30 min

INGREDIENTES
700 g de tofu firme
280 g de kimchi de col china (p. 94)
300 g de lomo de cerdo
10 cm de la parte blanca de un puerro
2 dientes de ajo
2 cucharadas de salsa de anchoas fermentada
2 cucharadas de un aceite vegetal neutro
½ cucharada de azúcar
½ cucharada de aceite de sésamo
1 cucharadita de gochugaru (chile en polvo coreano, opcional)
sal

Corta el lomo de cerdo en dados de menos de 1 cm. Deposita el kimchi en un bol y córtalo en trocitos con unas tijeras. Maja el ajo y añádelo al kimchi junto al azúcar y el aceite de sésamo. Añade la carne y remueve bien con la mano. Tritura el tofu con un pasapurés y asegúrate de que no queden trozos grandes.

Calienta el aceite vegetal en una cazuela. Cuando esté caliente, añade la mezcla de cerdo y de kimchi. Saltea 8 minutos y, si prefieres un plato más especiado, añade el gochugaru.

Añade 400 ml de agua. Lleva a ebullición y cuece 10 minutos. Mientras, corta el puerro en láminas finas. Añade el puré de tofu y la salsa de anchoas fermentadas a la cazuela. Prolonga la cocción 5 minutos. Comprueba el punto de sal y corrígelo si es necesario. Añade el puerro y cuécelo 5 minutos. Sirve caliente.

Fideos fríos con kimchi

BIBIM-GUKSU
비빔국수

Este es uno de los platos que a mi madre y a mí nos gustaba compartir cuando nos quedábamos solas en casa. Una verdadera delicia que se disfruta fría.

SALEN 2 BOLES
Preparación 10 min
Cocción 20 min

INGREDIENTES
200 g de fideos somyeon (somen)
5 cm de pepino
1 huevo
120 g de kimchi de col china (p. 94)
1 cucharadita de aceite de sésamo
1 cucharadita de azúcar

Salsa
60 g de gochujang (pasta de chile coreana)
5 cucharadas de vinagre de manzana o de sidra
3 cucharadas de azúcar
3 cucharadas de salsa de soja
2 cucharaditas de ajo en polvo
2 cucharaditas de aceite de sésamo
2 cucharaditas de semillas de sésamo
1 pizca de pimienta

Sumerge el huevo en un cazo de agua fría y llévalo a ebullición. Cuécelo 9 minutos, enfríalo en agua fría y pélalo. Enjuaga el kimchi, estrújalo con la mano para expulsar el líquido y córtalo en trocitos. Mézclalo con el azúcar y el aceite de sésamo y amasa con las manos. Corta el pepino en palitos. Mezcla todos los ingredientes de la salsa.

Hierve agua salada en una cazuela y echa los fideos somyeon. Una vez vuelva a hervir el agua, añade 200 ml de agua fría. Repite el proceso una segunda vez. A la tercera ebullición, escurre los fideos y enjuágalos bajo el grifo de agua fría mientras los sacudes, para eliminar el máximo almidón posible.

Dispón los fideos en el centro de los boles donde vayas a servir el plato. Vierte en cada uno la cantidad de salsa deseada. Añade la mitad del kimchi y del pepino a cada bol. Remata cada uno con una mitad del huevo duro en el centro. Para comer, mezcla todos los ingredientes.

NOTA —— *Sirve este plato con ternera desmenuzada (p. 134) y láminas de rábano daikon encurtido (p. 126). También es ideal como acompañamiento de un samgyeopsal (p. 170).*

Ensalada de col china en salmuera

BAECHU-GEOTJEORI

배추겉절이

4 RACIONES
Preparación 15 min
Reposo 2 h

INGREDIENTES
600 g de col china
50 g de sal gruesa gris
1 l de agua
4 tallos de cebolla china o 2 tallos de cebolleta, sin el bulbo
1 zanahoria
50 g de maeun yangnyeomjang (p. 152)
2 cucharadas de salsa de anchoas fermentada
1 cucharada de azúcar
½ cucharada de semillas de sésamo
flor de sal

Corta la col china en trozos del tamaño de un bocado grande. Disuelve la sal en el agua y sumerge en esta la col. Déjala reposar 1 h 30 min.

Corta la cebolla china en trozos de 5 cm. Ralla la zanahoria.

Escurre la col. Enjuágala tres veces seguidas y deja que se escurra 30 minutos. Mézclala con el azúcar, el maeun yangnyeomjang, la salsa de anchoas fermentada, la zanahoria y la cebolleta. Corrige el punto de sal con la flor de sal. Esparce las semillas de sésamo por encima.

NOTA ——— *Como esta ensalada es muy rápida de preparar, los coreanos la comen cuando ya no queda kimchi en el frigorífico. Ten en cuenta que no fermenta, por lo que no se conserva demasiado tiempo; idealmente, no más de 1 semana.*

Gimbap de kimchi

KIMCHI-KIMBAP
김치김밥

Las recetas de gimbap son fantásticas, porque ofrecen una cantidad infinita de posibilidades. Esta versión, a base de kimchi, es la que más preparo en casa.

SALEN 2 ROLLOS
Preparación 40 min
Cocción 10 min

INGREDIENTES

300 g de arroz blanco cocido (p. 14), templado
2 láminas grandes de alga gim (nori)
200 g de kimchi de col china (p. 94)
3 huevos
2 zanahorias
⅓ de pepino
2 lonchas de jamón cocido
5 palitos de surimi
½ cucharada de salsa de soja
1 cucharadita de ajo en polvo
3 cucharaditas de azúcar
aceite de sésamo
aceite vegetal neutro
semillas de sésamo
sal, pimienta

Enjuaga el kimchi, estrújalo con la mano para eliminar el líquido y córtalo en trocitos. Mézclalo con 2 cucharaditas de aceite de sésamo y 1 cucharadita de azúcar y remueve con la mano. Corta el pepino en bastoncitos y mézclalos con ½ cucharadita de sal. Remueve con la mano y luego estruja, para extraer el líquido.

Bate los huevos y condiméntalos con 1 pizca de sal y de pimienta. Prepara 2 tortillas muy finas. Corta las zanahorias en palitos, saltea 3 minutos en una sartén con aceite caliente y añade una pizca de sal. Desmenuza a mano los palitos de surimi, saltéalos 3 minutos en una sartén con aceite caliente y añade 2 cucharaditas de azúcar y la salsa de soja. Mezcla el arroz con ½ cucharada de aceite de sésamo y 2 cucharaditas de sal (**A**).

Para formar el primer rollo, dispón 1 hoja de alga sobre una alfombrilla de bambú (gimbal o makisu), con la parte rugosa hacia arriba. Extiende una capa de arroz fina y homogénea sobre el alga. Dispón 1 loncha de jamón y recórtala, de modo que cubra la superficie de la hoja a partir de la parte inferior. Deposita la tortilla encima y recórtala de la misma manera. En el centro de la tortilla, pon, uno junto a otro, el pepino, el surimi, la zanahoria y el kimchi. Enrolla la lámina empezando por abajo y con ayuda de la alfombrilla (**B-C**). Aprieta con fuerza para que el arroz se pegue al exterior de la lámina de alga. Aplasta algunos granos de arroz sobre el borde superior para sellar bien el gimbap (**D**). Repite el proceso hasta que hayas enrollado la lámina del todo. Con un pincel de cocina, pinta el exterior del rollo con aceite de sésamo. Córtalo en trozos de 1 cm de grosor (**E**). Repite todo el proceso con el segundo rollo. Esparce semillas de sésamo por encima, y a disfrutar (**F**).

NOTA ——— *El arroz y el resto de los ingredientes ya están condimentados, así que el gimbap se suele servir sin salsas de acompañamiento.*

Encurtidos con salsa de soja

JANGAJJI
장아찌

SALEN 3 FRASCOS DE 500 ML *Preparación 5 min – Cocción 5 min – Reposo 24 h*
MARINADA *200 ml de salsa de soja, 400 ml de cerveza, 200 ml de vinagre, 100 g de azúcar*

Para esterilizar los tarros, deposítalos boca abajo en una cacerola llena de agua. Calienta a fuego fuerte y hierve 5 minutos. Ponte guantes de cocina, para no quemarte, y saca los tarros. Sécalos cuando se hayan enfriado un poco y llénalos con las verduras preparadas. Vierte todos los ingredientes de la marinada en una cazuela, lleva a ebullición y mantén a fuego fuerte 5 minutos, sin tapar. Con un cucharón, vierte la marinada caliente directamente sobre las verduras en los tarros. Remueve con ayuda de una cuchara y deja enfriar a temperatura ambiente. Cierra los tarros y métalos en el frigorífico. Puedes consumir los encurtidos a partir de las 24 horas de reposo y se conservarán al menos 3 meses.

Cebolla

INGREDIENTES
1 cebolla, 50 g de col blanca, ½ chile verde (opcional)

Corta la cebolla y la col en dados de 1,5 cm. Corta el chile en trozos de 1,5 cm. Mételo todo en un tarro esterilizado y seco y añade la marinada.

Espárragos

INGREDIENTES
400 g de espárragos frescos

Corta los pies de los espárragos. Rasca con suavidad los tallos con un cuchillo, para eliminar los piquitos. Si los espárragos son demasiado largos, córtalos para que quepan de pie en el tarro. Mételos de pie en un tarro esterilizado y seco y añade la marinada.

Brócoli

INGREDIENTES
250 de brócoli, 1 cucharadita de sal, 1 cucharada de vinagre blanco

Separa los floretes del brócoli en trozos del tamaño de 2 bocados y que incluyan parte de cabeza y parte de tallo. Ponlos en remojo 20 minutos en agua fría, con la sal y el vinagre. Escúrrelos y enjuágalos 3 veces. Deja que se escurran bien. Mete el brócoli en un tarro esterilizado y seco y añade la marinada.

KIMCHI

Pepino encurtido con salsa de soja

OI JANGAJJI

오이 장아찌

SALE 1 TARRO DE 1 L
Preparación 5 min
Cocción 5 min
Reposo 1 semana

INGREDIENTES
150 ml de salsa de soja
300 ml de cerveza
150 ml de vinagre
75 g de azúcar
5-6 pepinos pequeños
sal gruesa

Frota los pepinos con 1 puñado de sal gruesa. Enjuágalos bajo el grifo de agua fría y sécalos.

Para esterilizar el tarro, deposítalo boca abajo en una cacerola llena de agua. Calienta a fuego fuerte y hierve 5 minutos. Ponte guantes de cocina, para no quemarte, y saca el tarro. Sécalo cuando se haya enfriado un poco.

Prepara la marinada. Vierte la salsa de soja, el vinagre, la cerveza y el azúcar en una cazuela. Lleva a ebullición y mantén a fuego fuerte 5 minutos, sin tapar.

Dispón los pepinos tan prietos como te sea posible en el tarro que acabas de esterilizar. Aprieta tanto como puedas. Con un cucharón, vierte la marinada caliente directamente encima de los pepinos. Aplasta ligeramente los pepinos con la parte inferior de una cuchara. Deja enfriar a temperatura ambiente, cierra el tarro y mételo en el frigorífico.

Este encurtido se puede consumir a partir de 1 semana de reposo y se conservará al menos 3 meses.

NOTA —— *Aunque la cerveza mejora la conserva de la verdura, que queda más crujiente, la puedes sustituir por la misma cantidad de agua.*

Rábano daikon encurtido

MU-CHOJEOLIM
무 초 절 임

SALEN 3 TARROS DE 500 ML
Preparación 15 min
Cocción 5 min
Reposo 24 h

INGREDIENTES
1 kg de rábano daikon (o de rábano negro)
250 ml de vinagre blanco
500 ml de agua
100 g de azúcar
1 cucharadita de flor de sal

Pela el rábano daikon y córtalo en 3 trozos iguales. Corta el primer trozo en rodajas muy finas, a poder ser con una mandolina. Haz lo mismo con el segundo, pero luego corta las rodajas en 3 tiras cada una. Corta el tercer trozo en dados de unos 1,5 cm.

Para esterilizar los tarros, deposítalos boca abajo en una cacerola llena de agua. Calienta a fuego fuerte y hierve 5 minutos. Ponte guantes de cocina, para no quemarte, y saca los tarros. Sécalos cuando se hayan enfriado un poco. Llena cada tarro con una forma de rábano distinta.

Prepara la marinada. Vierte el vinagre, el agua, el azúcar y la sal en una cacerola. Lleva a ebullición y, cuando el azúcar y la sal se hayan disuelto del todo, vierte la marinada caliente en los tarros, a ras del nivel del rábano. Aplasta un poco los trozos de rábano con ayuda de la parte inferior de una cuchara. Deja enfriar a temperatura ambiente, cierra los tarros y métolos en el frigorífico.

Este encurtido se puede consumir a partir de las 24 horas de reposo y se conservará al menos 3 meses.

TRUCOS ——— *Las rodajas se suelen servir con un ssambap (p. 160) y también se pueden enrollar en una hoja grande de lechuga o usar para condimentar hamburguesas de ternera. Las tiras se sirven como acompañamiento de platos picantes, para suavizarlos, y se pueden usar en los fideos fríos con kimchi (p. 116) como sustitutas del kimchi de col. Los dados también suavizan los platos picantes y están buenísimos con pollo frito (p. 60).*

KIMCHI

CARNE
고기

Adobada, a la plancha, empanada, guisada o cruda... la cocina coreana propone múltiples maneras de servir la carne. En este capítulo, descubrirás todo lo que has de saber para preparar una auténtica barbacoa coreana en casa.

Guiso coreano de pollo

DAKBOKKEUMTANG

닭 볶 음 탕

Si tengo tteokbokki tteok en casa, me encanta añadirlos hacia la final de la cocción de este guiso, porque aportan una textura muy agradable y redondean el plato. De hecho, entonces ni siquiera hace falta acompañarlo de arroz.

4 RACIONES
Preparación 20 min
Reposo 20 min
Cocción 50 min

INGREDIENTES
1 pollo entero, de 1,2 kg
4 patatas medianas
2 zanahorias
1 cebolla
10 cm de la parte blanca de un puerro
100 ml de alcohol destilado (soju o ginebra)
2 cucharadas de azúcar
2 cucharadas de saenggang-cheong (p. 206)
100 g de maeun yangnyeomjang (p. 152)
100 ml de salsa de soja
400 ml de agua

Destripa el pollo y límpialo bien, hasta que no quede nada de plumón. Recorta con unas tijeras el exceso de grasa y de piel. Presiona con el pulgar la parte alta de la espalda, para expulsar la sangre de los órganos que queden, y luego lava el pollo a conciencia. Desecha la rabadilla. Corta el cuello y abre el pollo longitudinalmente por la mitad. Separa las alas, los muslos y los contramuslos. Corta cada mitad del pollo en 2-3 trozos a lo ancho. Las pechugas han de permanecer unidas a la carcasa.

Con la mano, unta de azúcar y saenggang-cheong los trozos cortados. Deja reposar 20 minutos. Mientras tanto, pela las patatas y córtalas por la mitad; pela las zanahorias y córtalas en trozos de 2 cm y pela la cebolla y cuartéala. Corta el puerro en trozos de 2 cm.

Una vez transcurridos los 20 minutos de reposo, añade el maeun yangnyeomjang y la salsa de soja al pollo. Remueve para que quede bien untado de salsa. Deposítalo en una cazuela y añade la patata, la zanahoria, la cebolla, el agua y el alcohol. Tapa la cazuela, lleva a ebullición y mantén a fuego fuerte 10 minutos. Remueve y reduce a fuego medio, dejando la tapa parcialmente abierta. Hierve poco a poco 30 minutos, removiendo con regularidad. Añade el puerro y prolonga la cocción 10 minutos.

CARNE

Los alcoholes coreanos

En Corea, siempre que se consume alcohol en compañía se preparan platos para compartir: la alianza entre la comida y el alcohol es una de las características de su cultura. Nací en Seúl, una ciudad que nunca duerme y donde se puede comer y beber hasta que amanece. Y por un precio muy razonable, además. Siempre he disfrutado de este estilo de vida festivo con mis amigos y con mi familia. Es un detalle que, a veces, echo de menos en Francia. Por eso, intento recrearlo en casa.

ALCOHOLES PARA EL DÍA A DÍA

Estos son los tres alcoholes más consumidos en Corea. El **soju** es el alcohol coreano más conocido en todo el mundo y cada región tiene su propia variedad. Es bastante fuerte (entre 16,5° y 21°) y la marca comercial más conocida es Chamisul®. Aunque se puede consumir fresco con hielo, la manera tradicional de beberlo es en un vasito, ya sea solo o con cerveza, en una combinación a la que llamamos «somek» (la proporción ideal es de 3/10 de soju y 7/10 de cerveza). También hay múltiples variedades aromatizadas y con menos alcohol. Marida muy bien con el samgyeopsal (p. 170), con carne adobada o salteada y con ragús. El **makgeolli** es un alcohol de arroz fermentado, espeso y con un poquito de gas. Se bebe en boles grandes y planos, para acompañar a tortitas coreanas o platos de kimchi. Las **mekju** son cervezas coreanas rubias y ligeras que se adaptan a la mayoría de platos, aunque a mí me gusta asociarlas a buñuelos, como los dakgangjeong (p. 60).

YAK-JU A BASE DE ARROZ

Los **yak-ju** son alcoholes de arroz destilados a los que se atribuyen beneficios medicinales. Por lo general, contienen hierbas y frutos habituales en la farmacopea tradicional. Uno de los saludos corteses coreanos dirigidos a las personas mayores se traduce como «¿Ayer bebió yak-ju?», para evitar usar la palabra «alcohol», dado que el yak-ju no tiene connotaciones negativas. El **cheong-ju** es un alcohol tradicional a base de arroz que se suele beber durante las grandes celebraciones de Chuseok y Seollal (el equivalente coreano de Navidad y Pascua) y que se sirve acompañado de tortitas, sopas y ragús. El **baekse-ju** es un alcohol a base de arroz, bayas de goji, ginseng y otras 10 raíces y plantas medicinales. Se puede consumir con un samgyetang (p. 148), un domijim (p. 180), un bossam (p. 112) y otros platos con fama de saludables. El **sansachun** es un alcohol a base de arroz y de frutos de espino albar conocido por sus propiedades digestivas. Me gusta servirlo con platos de carne. El **Bokbunja-ju** es un vino coreano hecho de mora coreana —de ahí su nombre— muy dulce que encaja bien con postres y con platos dulces y salados. Es célebre porque aporta energía y puede acompañar a un yukhoe (p. 136), un tteokgalbi (p. 156) o postres como los yakgwa (p. 200) o los gyeongdan (p. 196). El **maechuisun** y el **maehwasu** son alcoholes suaves y azucarados que contienen ciruelas verdes y que suelen acompañar a platos ligeros de verduras.

Jangjorim de ternera
SOGOGI JANGJORIM
소고기 장조림

Suelo preparar con antelación este plato de ternera desmenuzada y siempre guardo una parte en el frigorífico. Así, me aseguro de contar con algo delicioso que comer aunque no disponga de tiempo para cocinar.

SALE 1 TARRO DE 750 ML
Preparación 25 min
Reposo 8 h
Cocción 1 h 30 min

INGREDIENTES
1 kg de falda de ternera
200 ml de salsa de soja
50 g de azúcar
100 ml de alcohol destilado (soju o ginebra)
50 g de ajo
10 g de jengibre
1 cebolla
3 hojas de puerro
20 granos grandes de pimienta negra
2 l de agua

Corta la carne en grandes trozos de aproximadamente 15 cm de ancho y ponlos en remojo en agua fría 1 h 30 min, para que expulsen la sangre. Cambia el agua cada media hora. Lleva agua a ebullición en una olla. Deposita la carne en el agua y hierve 5 minutos. A continuación, enjuágala bajo el grifo de agua fría y asegúrate de retirar toda la sangre coagulada que pueda haber.

En una olla, vierte 2 litros de agua y el alcohol. Mete las hojas de puerro, la cebolla entera, los granos de pimienta y el ajo y el jengibre pelados en un saquito de muselina. Ata el saquito y métemelo en la olla. Lleva a ebullición, añade la carne, tapa la olla parcialmente y deja cocer a fuego medio 50 minutos.

Retira el saquito de muselina y desecha el contenido. Reserva la carne y el caldo por separado y deja que el caldo se enfríe hasta que la grasa se solidifique en la superficie. Entonces, desgrásalo pasándolo por un colador de malla fina. Deshilacha la carne a mano y en el sentido de la fibra, de modo que obtengas trozos de unos 0,5 cm de grosor.

En una olla, lleva a ebullición 800 ml del caldo, la salsa de soja, el azúcar y la carne. Hierve a fuego medio 20 minutos. Vierte la carne y el líquido en un recipiente previamente esterilizado (p. 122). Deja enfriar a temperatura ambiente. La ternera se conservará en el frigorífico 2 semanas. Sirve como acompañamiento o guarnición, frío o templado.

TRUCO ——— *Una manera divertida de servir de este sogogi jangjorim: pon arroz en un bol, deposita la ternera encima, riega con la salsa, añade 15 g de mantequilla y 1 huevo frito encima. Remueve y disfruta.*

134

Tartar de ternera coreano

YUKHOE

육회

Un traguito de yak-ju. Un bocadito de yukhoe. Un traguito de yak-ju… ¡Descubre esta maravillosa explosión de sabores!

2 RACIONES
Preparación 25 min

INGREDIENTES
300 g de solomillo de ternera muy fresco
½ pera coreana (o ½ nashi o ½ pera clásica)
2 dientes de ajo
1,5 cm de la parte blanca de un puerro
50 g de rúcula
2 cucharadas de mat ganjang (p. 150)
1 cucharada de aceite de sésamo
1 cucharada de azúcar
½ cucharada de semillas de sésamo o de piñones, y un poco más para espolvorar
1 yema de huevo
sal, pimienta

Maja el ajo. Pica el puerro. Pela la pera y córtala en palitos de unos 0,5 cm de grosor. Seca la carne con papel absorbente, para eliminar el exceso de sangre, y córtala en tiritas del mismo grosor.

Mezcla la carne, el ajo, el puerro, el mat ganjang, el aceite de sésamo, el azúcar y las semillas de sésamo con ayuda de palillos o de tenedores y sazona. No remuevas con la mano, para evitar que el calor corporal cambie el color de la carne.

Deposita la rúcula en un plato y los bastoncitos de pera encima. Pon la carne en un bol y dale la vuelta en el centro del plato. Presiona con suavidad el centro de la carne, para formar un hoyo, y deposita cuidadosamente la yema de huevo allí. Esparce por encima las semillas de sésamo o los piñones.

Para comer, rompe la yema de huevo y úsala para untar los trozos de carne, como si fuera una salsa.

TRUCO —— *Si te sobra carne al final de la comida, métela en el frigorífico. La puedes saltear al día siguiente con un poco de mat ganjang y acompañarla de arroz.*

CARNE

Bulgogi de cerdo

DWAEJI-BULGOGI
돼 지 불 고 기

Aunque se trata de un plato delicioso protagonizado por el cerdo y el pimiento, si se prepara un poco de más es, sobre todo, un plato 3 en 1... Sírvelo con un bol de arroz y con verduras, en un bibimbap o con ramyeon (fideos coreanos instantáneos).

4 RACIONES
Preparación 25 min
Reposo 20 min
Cocción 30 min

INGREDIENTES
700 g de lomo de cerdo
1 zanahoria
⅓ de calabacín
1 cebolla
10 cm de la parte blanca de un puerro
60 g de maeun yangnyeomjang (p. 152)
20 g de gochujang (pasta de chile coreana)
6 cucharadas de salsa de soja
1 cucharada de salsa de anchoas fermentada
2 cucharadas de saenggang-cheong (p. 206)
1 cucharada de azúcar
2 cucharadas de alcohol destilado (soju o ginebra)

Corta la carne en lonchas finas. Marínalas 20 minutos en el saenggang-cheong y el azúcar.

Corta la zanahoria en 3 trozos y cada uno de estos longitudinalmente por la mitad y luego en láminas longitudinales. Corta el calabacín en 2 trozos y luego longitudinalmente por la mitad y en láminas longitudinales. Corta la cebolla por la mitad y luego en láminas de 1 cm de grosor. Por último, corta el puerro al bies en trozos de 1 cm.

Mezcla la carne con el maeun yangnyeomjang, el gochujang, la salsa de soja, la salsa de anchoas fermentada y el alcohol. Calienta una sartén. Una vez esté caliente, saltea la carne a fuego fuerte 20 minutos. Añade las verduras. Saltéalas 10 minutos y, cuando se empiecen a pochar, sirve el plato caliente. Lo puedes comer como un ssambap (p. 160).

TRUCO —— *Si metes la carne en el congelador 3-4 horas antes de prepararla, se endurecerá y te será más fácil cortarla en lonchas finas.*

CARNE

138

Japchae de ternera

JAPCHAE

잡 채

Esta reconfortante receta a base de ternera y de fideos es un plato coreano emblemático, que se suele preparar para las celebraciones familiares.

4 RACIONES
Preparación 25 min
Reposo 2 h
Cocción 40 min

INGREDIENTES
200 g de fideos de boniato
300 g de filete de ternera
1 pimiento rojo
½ cebolla
4 setas pyogo (shiitake) o de cardo
1 zanahoria
½ calabacín
3 cm de la parte blanca de un puerro
1 huevo
5 tallos de cebolla china
6 cucharadas de salsa de soja
4 cucharas de azúcar
1½ cucharaditas de ajo en polvo
4 cucharadas de aceite de sésamo
1 cucharadita de pimienta
aceite vegetal neutro
½ cucharada de semillas de sésamo
sal

Pon los fideos en remojo en agua fría 2 horas. Escúrrelos.

Corta la carne en tiras finas y marínalas durante 25 minutos en 2 cucharadas de salsa de soja, 1 cucharada de azúcar, ½ cucharadita de ajo en polvo y ½ cucharadita de pimienta.

Corta en palitos el pimiento, la zanahoria y el calabacín. Lamina las setas y la cebolla. Pica el puerro. Bate el huevo con 1 pizca generosa de sal y haz una tortilla fina. Espera a que se enfríe, enróllala con cuidado y córtala en tiras finas.

Calienta el aceite vegetal en una sartén a fuego fuerte. Saltea la zanahoria y el calabacín y sazónalos con 1 pizca de sal. Cuando se empiecen a pochar, retíralos y resérvalos en una ensaladera. Repite el proceso con el pimiento, las setas y la cebolla, en este orden. Saltea la carne adobada 5 minutos. Resérvalo todo en la misma ensaladera.

Para la salsa, mezcla 100 ml de agua, 4 cucharadas de salsa de soja, 3 cucharadas de azúcar, 1 cucharadita de ajo en polvo y ½ cucharadita de pimienta. Calienta 2 cucharadas de aceite de sésamo y el puerro picado en una sartén a fuego medio. Cuando el puerro empiece a despedir aromas, añade los fideos y la salsa. Prolonga la cocción 5 minutos.

Vuelca los fideos calientes en la ensaladera con las verduras. Córtalos con tijeras, primero en un sentido y luego en el otro. Añade las semillas de sésamo y 2 cucharadas de aceite de sésamo y, una vez los fideos se hayan enfriado un poco, remueve con cuidado con la mano. Sirve el japchae en platos y remátalo con la cebolla china picada y las tiras de tortilla.

Cerdo asado maekjeok

MAEKJEOK
맥 적

Esta es mi versión de una receta muy antigua de cerdo marinado, a la que he añadido notas cítricas. También la puedes preparar como barbacoa.

4 RACIONES
Preparación 15 min
Cocción 30 min

INGREDIENTES
700 g de lomo de cerdo, con el hueso
80 g de doenjang (pasta de soja fermentada)
2 cucharadas de mat ganjang (p. 150)
3 cucharadas de limón confitado (p. 202)
1 cucharadita de jengibre molido
2 cucharadas de alcohol destilado (soju o ginebra)
1 cucharada de aceite de sésamo
3 hojas de puerro

Corta las hojas de puerro en trozos de 7 cm y el lomo de cerdo en lonchas de 2 cm de grosor. Marca con un cuchillo las lonchas por ambas caras, de modo que quede una cuadrícula regular sin atravesar la carne. Con las manos, unta la carne y el puerro con el doenjang, el mat ganjang, el limón confitado, el jengibre, el alcohol y el aceite de sésamo.

Dispón bajo el grill del horno precalentado a 180 °C las lonchas de carne sin que se toquen. Pon la grasera debajo. Coloca las hojas de puerro troceadas alrededor de la carne y, para terminar, haz lo mismo con algunas rodajas del limón confitado. Asa 30 minutos.

Cuando saques la carne del horno, desecha las hojas de puerro. Con unas tijeras, corta la carne en trocitos del tamaño de un bocado. Disfruta del plato como un ssambap (p. 160).

NOTA ——— *Acompaña el plato con arroz, encurtidos con salsa de soja (p. 122), kimchi variado y salsa ssamjang (p. 160).*

CARNE

Sopa de ternera picante con verduras

YUKGAEJANG

육 개 장

Preparo esta sopa de ternera especiada todos los inviernos sin falta. ¡Sin ella, esa estación se me hace eterna!

4 RACIONES
Preparación 25 min
Reposo 2 h
Cocción 1 h

INGREDIENTES
500 g de solomillo de ternera
3 dientes de ajo
50 ml de alcohol destilado (soju o ginebra)
2 hojas de puerro
5 setas pyogo (shiitake) o de cardo
25 cm de la parte blanca de un puerro
200 g de brotes de judías mungo
100 g de maeun yangnyeomjang (p. 152)
3 cucharadas de mat ganjang (p. 150)
3 cucharadas de salsa de soja
1 cucharada de aceite de sésamo
1 cucharada de un aceite vegetal neutro
1,5 l de agua
½ cucharadita de pimienta
sal

Corta la carne en trozos grandes, de unos 15 cm de ancho, y ponlos en remojo en agua fría 1 h 30 minutos, para que expulsen la sangre. Cambia el agua cada 30 minutos. Escurre la carne, lleva a ebullición 1,5 l de agua y añade la carne, el alcohol, los dientes de ajo picados y las hojas de puerro. Prolonga la cocción 40 minutos a partir de que el agua vuelva hervir, sin tapar la olla.

Retira con una cuchara la espuma que se haya formado sobre el caldo. Separa el caldo y la carne. Desecha el ajo y las hojas de puerro. Cuando la carne se haya enfriado lo suficiente, desmenúzala a mano. Mézclala con el maeun yangnyeomjang y el mat ganjang. Deja reposar.

Mientras, lava los brotes de judías. Corta las setas en láminas de 1,5 cm. Corta el puerro en 5 trozos de 5 cm, cada trozo longitudinalmente por la mitad y cada mitad en cuatro, también longitudinalmente (1 cm de largo es ideal).

Calienta en una cazuela el aceite de sésamo y el aceite vegetal. Cuando se hayan calentado, añade la carne y saltéala 3 minutos. Añade el puerro y la salsa de soja y remueve bien. Añade aproximadamente 1 litro del caldo que has reservado. Cuece a fuego fuerte 10 minutos a partir de que empiece a hervir. Añade las setas y los brotes de judías. Prolonga la ebullición 10 minutos. Salpimienta.

NOTA —— *Puedes servir el plato con arroz y con acompañamientos de verdura o de pescado.*

Sopa doenjang de ternera y col china
SOGOGI BAECHU DOENJANG-GUK
소고기배추된장국

Se trata de una sabrosa sopa a base de col, ternera y pasta de soja fermentada. Me gusta tomarla como desayuno, antes de empezar la jornada.

4 RACIONES
Preparación 15 min
Cocción 30 min

INGREDIENTES
½ col china
300 g de filete de ternera
70 g de doenjang (pasta de soja fermentada)
4 dientes de ajo
2 cucharadas de mat ganjang (p. 150)
1 cucharada de aceite de sésamo
1 l de agua

Corta la media col china por la mitad. Desecha la base. Corta cada mitad en trozos de unos 2 cm de ancho. Lávalos y escúrrelos. Seca la ternera con papel absorbente para retirar el exceso de sangre. Córtala en trozos del tamaño de un bocado. Maja el ajo.

Calienta el aceite de sésamo a fuego fuerte en una cazuela. Añade la carne, el ajo y el mat ganjang. Saltea hasta que la parte exterior de la carne esté hecha. Añade el agua y lleva a ebullición. Añade la col y el doenjang. Prolonga la ebullición 5 minutos a fuego medio.

NOTA —— *Sirve esta sopa con arroz, judías verdes salteadas (p. 68) o kimchi.*

CARNE

146

Sopa de picantón coreana

YEONGGYE-BAEKSUK (SAMGYETANG)
영계백숙

PARA 3 PERSONAS
Preparación 25 min
Cocción 1 h

INGREDIENTES
3 picantones
2 cabezas de ajo
20 g de bayas de goji
½ cebolla
¼ de nabo
10 g de jengibre fresco
3 hojas de puerro
5 cm de la parte blanca de un puerro
20 granos grandes de pimienta negra
3 jínjoles secos
60 hojas verdes de cebolla china
100 ml de alcohol destilado (soju o ginebra)
2 l de agua
semillas de sésamo
sal, pimienta

Destripa los picantones y límpialos bien hasta que no quede nada de plumón. Recorta con unas tijeras el exceso de grasa y de piel. Presiona con el pulgar la parte alta de la espalda, para expulsar la sangre de los órganos que queden y luego lava los picantones a conciencia. Corta y desecha la rabadilla.

Pela las cabezas de ajo y retira el germen de los dientes. Mete en un saco de muselina el nabo, los granos de pimienta, las hojas de puerro, la cebolla, el jengibre y la mitad del ajo. Vierte el agua en una olla y mete el saquito. Lleva a ebullición. Mete los picantones en el agua hirviendo y añade el alcohol. Una vez reanudada la ebullición, baja a fuego medio y prolonga la cocción 20 minutos. Añade el resto del ajo, las bayas de goji y los jínjoles. Mantén al fuego 20 minutos más.

Reduce a fuego bajo y cuece 10 minutos. Retira con una cuchara la grasa acumulada en la superficie del caldo. Sirve cada picantón en un bol individual. Añade el caldo con el ajo, los jínjoles y las bayas de goji. Añade las 20 hojas de cebolla china y trozos de puerro a cada bol.

Condimenta con sal, pimienta y una pizca de semillas de sésamo mezcladas en un mismo recipiente. Para comer, arranca trozos de picantón y úntalos en la preparación. También puedes condimentar la sopa con la mezcla de condimentos.

TRUCO ——— *Para acabar el caldo, se suele añadir un poco de arroz una vez ya no queda carne. Sirve la sopa con kimchi de rábano daikon (p. 98) o de cebolla china (p. 100).*

NOTA ——— *El samgyetang es otra sopa con picantones enteros, pero se prepara con ginseng. Si quieres preparar un samgyetang, añade una raíz de jengibre fresco o molido (10 g) y métela en la olla al mismo tiempo que el picantón.*

CARNE

Salsa mat ganjang
맛간장

Esta receta de salsa de soja trabajada es una verdadera varita mágica que vuelve sublimes todos los platos que se preparan con salsa de soja tradicional.

SALEN 250 ML
Preparación 15 min
Cocción 20 min
Reposo 15 min

INGREDIENTES
170 ml de salsa de soja
130 ml de agua
65 ml de alcohol destilado (soju o ginebra)
15 ml de salsa de anchoas fermentada
¼ de nabo
2 hojas de puerro
4 dientes de ajo
¼ de cebolla
⅓ de limón
⅓ de manzana
10 granos grandes de pimienta negra

Pela la cebolla y el nabo. Corta groseramente las hojas de puerro. Corta el limón en rodajas finas y la manzana en láminas también finas. Pela los dientes de ajo y retira el germen.

En una olla tapada, lleva a ebullición la salsa de soja, el agua, el alcohol, la salsa de anchoas fermentada, el nabo, las hojas de puerro, la cebolla, el ajo y la pimienta. Hierve 10 minutos a fuego medio. Añade el limón y la manzana. Vuelve a tapar la olla y hierve otros 10 minutos.

Apaga el fuego y destapa la olla. Deja que se enfríe 15 minutos y pasa la salsa por un colador de malla fina. Aplasta los ingredientes para extraer el máximo jugo y deséchalos. Vierte la salsa en un tarro o en una botella previamente esterilizados (p. 122).

Deja enfriar a temperatura ambiente antes de cerrar el tarro. La salsa se conservará unas 3 semanas en el frigorífico.

CARNE

Adobo picante

MAEUN YANGNYEOMJANG

매운 양념장

SALEN 750 ML
Preparación 10 min

INGREDIENTES
260 g de gochugaru
 (chile en polvo coreano)
2 cebollas
2 dientes de ajo
200 ml de salsa de
 anchoas fermentada
200 ml de saenggang-
 cheong (p. 206)

Pela las cebollas y tritúralas en un robot de cocina. Pela los dientes de ajo, extrae el germen y májalos.

Mezcla el ajo y la cebolla con el gochugaru, la salsa de anchoas fermentada y el saenggang-cheong. La consistencia ha de ser bastante espesa. Si es demasiado líquida, añade un poco más de gochugaru. Vierte la salsa en un tarro o en una botella previamente esterilizados (p. 122). Se conservará unos 6 meses en el frigorífico.

TRUCO ——— *Si has de mojar la cebolla para que quede bien triturada, usa salsa de anchoas en lugar de agua.*

Adobo para barbacoa

BULGOGI YANGNYEOM

불고기 양념

PARA 700 G DE CARNE
Preparación 10 min

INGREDIENTES
1 cebolla
½ pera
6 dientes de ajo
5 g de jengibre fresco
35 g de azúcar
100 ml de salsa de soja
50 ml de alcohol destilado
 (soju o ginebra)
2 cucharadas de miel
1 cucharadita de pimienta

Pela la cebolla y el jengibre. Pela y despepita la pera. Pela los dientes de ajo y extrae el germen. Tritúralo todo en un robot de cocina.

Mezcla los ingredientes triturados con la salsa de soja, el alcohol, la miel, el azúcar y la pimienta.

Aunque la salsa se conservará 1 semana, conviene que adobes la carne con ella justo después de haberla preparado. Una vez adobada, la carne se conservará 2 días.

Ssambap de ternera bulgogi

BULGOGI SSAMBAP

불고기 쌈밥

La receta de bulgogi simboliza el alma de la cocina coreana. Cuando se la combina con un ssambap (p. 160), se transforma en un maravilloso plato ideal para compartir.

4 RACIONES
Preparación 25 min
Reposo 12 h
Cocción 10 min

INGREDIENTES
700 g de carne de ternera cortada como para carpaccio
adobo para barbacoa (p. 152)
½ zanahoria
½ cebolla
3 setas pyogo (shiitake) o champiñones
10 cm de la parte blanca de un puerro
1 cucharada de aceite de sésamo

Guarnición del ssambap
1 endibia
½ cogollo de lechuga
salsa ssamjang (p. 160)
rábano daikon encurtido (p. 126)
arroz blanco (p. 14), caliente

Corta el carpaccio de ternera en láminas del tamaño de un bocado. Vierte el adobo para barbacoa y el aceite de sésamo sobre la carne y remueve bien con la mano, para que se impregne bien. Deja reposar en el frigorífico al menos 12 horas.

Lamina la cebolla y las setas, corta la zanahoria en palitos finos y el puerro al bies en rodajas de 0,5 cm de grosor.

Calienta una sartén. Cuando esté muy caliente, extiende la carne adobada sobre todo el fondo de la sartén. Añade toda la verdura. Remueve con regularidad unos 10 minutos o hasta que la carne se haya hecho del todo.

Lava las hojas de cogollo y rellénalas con un bocado de arroz y una pizca de salsa ssamjang. Lava las hojas de endibia y rellénalas con 1 trozo de rábano daikon marinado laminado, 1 bocado de arroz y una pizca de salsa ssamjang. Acompaña la carne con las hojas rellenas.

La carne se conservará cruda, en su adobo, 2 días.

TRUCO — *Si no tienes tiempo, acompaña la receta con un bol de arroz blanco.*

CARNE

154

Filete ruso al estilo coreano

TTEOKGALBI

떡갈비

SALEN 6 FILETES RUSOS
Preparación 10 min
Cocción 15 min

INGREDIENTES
600 g de carne de ternera picada
1 cebolla
½ zanahoria
1 yema de huevo
6 cucharadas de salsa de soja
4 cucharadas de azúcar
2 cucharadas de saenggang-cheong (p. 206)
1 cucharada de aceite de sésamo
1 cucharadita de sal
1 pizca de pimienta
cebolla china
piñones

Pica muy finamente la cebolla y la zanahoria. Seca la carne con papel absorbente para eliminar el exceso de sangre. Mezcla con la mano la carne, la cebolla, la zanahoria, la salsa de soja, el azúcar, el saenggang-cheong, el aceite de sésamo, la sal, la pimienta y la yema de huevo hasta que obtengas la textura de una masa.

Separa la masa en 6 partes y aplánalas entre las manos varias veces, de modo que obtengas unos filetes regulares de aproximadamente 1 cm de grosor. Presiona el centro de cada uno con el pulgar, para crear un hoyo.

Calienta una sartén. Cuando esté muy caliente, deposita los filetes, primero con el hoyo hacia arriba. Hazlos 5 minutos, dándoles la vuelta con regularidad para que la carne no se queme. Añade 15 ml de agua. Tapa la sartén y mantén al fuego 10 minutos. Da la vuelta a los filetes cuando hayan pasado 5 minutos.

Disponlos sobre un lecho de cebolla china. Esparce piñones picados por encima.

NOTA ——— *Me gusta usar esta receta para preparar hamburguesas, a las que añado rodajas de rábano daikon encurtido (p. 126) en lugar de pepinillos, verduras del tiempo, queso cheddar y mayonesa.*

CARNE

Asado de tira en chuletas finas

LA GALBI
LA 갈비

El LA galbi es el primer plato que pido siempre que viajo a Corea. Cuando llego, mi madre ya lo ha preparado, para darme la bienvenida. Es una tradición familiar que compartimos desde que me fui.

4 RACIONES
Preparación 10 min
Reposo 2 h + 12 h
Cocción 15 min

INGREDIENTES
1 kg de costillar con hueso, cortado en chuletas finas
adobo para barbacoa coreana (p. 152)
3 cucharadas de salsa de soja
1 cucharada de aceite de sésamo
1 kiwi
20 cm de la parte blanca de un puerro

Sumerge la carne en agua fría y déjala en remojo 2 horas. Cambia el agua cada 30 minutos. Escurre la carne una vez transcurridas las 2 horas.

Corta el puerro en 4 trozos y cada trozo longitudinalmente por la mitad. Pela el kiwi y tritúralo en un robot de cocina. Vierte el adobo para barbacoa, la salsa de soja, el kiwi y el aceite de sésamo sobre la carne y amasa con la mano, para que se impregne bien. Añade el puerro y remueve. Deja reposar en el frigorífico al menos 12 horas.

Calienta una sartén a fuego fuerte. Añade las chuletas y el puerro troceado. Cuece 7 minutos por cada lado a fuego medio.

Antes de servir la carne, córtala con unas tijeras entre hueso y hueso. Disfrútala como un ssambap (p. 160) o bien con arroz y kimchi de col china (p. 94).

NOTA —— *La carne se conservará en el adobo 3 días.*

CARNE

158

Mesa para un ssambap

SSAMBAP
쌈밥

Más que un plato concreto, el ssambap es una manera de comer y de disfrutar la comida en forma de «ssam». El principio se basa en enrollar arroz cocido («bap» en coreano) y los ingredientes que cada uno prefiera en hojas de lechuga o de col directamente en la mesa.
A continuación, te propongo la receta de la salsa ssamjang, indispensable cuando se prepara un ssambap en casa, y que vistas la mesa con:

- Una receta de carne: samgyeopsal (p. 170), dwaegi-bulgogi (p. 138), maekjeok (p. 142) o bulgogi (p. 154).
- Platitos para acompañar: kimchis, encurtidos, verduras crudas y cocidas.
- Una receta de ragú: en la mayoría de las ocasiones, un doenjang-jjigae (p. 162).
- Distintos tipos de lechuga de hoja verde.
- ½ col blanca cocida al vapor.
- 1 bol de arroz.

Para comer, coge una hoja de lechuga grande y dispón encima una hoja de col blanca al vapor (**A-B**), arroz, un poco de salsa ssamjang, un trozo de carne y 1 o 2 acompañamientos, a tu gusto (**C**). Enrolla la hoja exterior sobre el relleno (**D-E**) y ¡a comer! (**F**).

Col blanca al vapor

4 RACIONES
Preparación 5 min
Cocción 25 min

INGREDIENTES
½ col blanca

Desecha las hojas exteriores de la col y córtala por la mitad. Lávala y escúrrela. Deposita una vaporera en el interior de una cazuela. Añade agua hasta que llegue a 1 cm por debajo de la vaporera. Deposita la col en la vaporera, tápala y lleva el agua a ebullición a fuego fuerte. Reduce a fuego medio y prolonga la cocción 15-20 minutos. Apaga el fuego y deja reposar 5 minutos antes de abrir la vaporera.

Salsa ssamjang

4 RACIONES
Preparación 10 min

INGREDIENTES
40 g de gochujang (pasta de chile coreana), 30 g de doenjang (pasta de soja fermentada coreana), 1 cucharada de aceite de sésamo, ½ cucharada de semillas de sésamo, 2 dientes de ajo majados

Mezcla todos los ingredientes. La salsa se conservará 2 semanas en un recipiente hermético en el frigorífico.

CARNE

Ragú de doenjang con verduras

DOENJANG-JJIGAE
된 장 찌 개

Este ragú de verduras y de pasta de soja fermentada es perfecto como acompañamiento de una barbacoa coreana de cerdo (p. 170).

4 RACIONES
Preparación 15 min
Cocción 20 min

INGREDIENTES
100 g de doenjang (pasta de soja fermentada coreana)
12 cm² de alga dasima (kombu)
1 zanahoria
1 cebolla
½ calabacín
½ de la parte blanca de un puerro
150 g de setas mangadak (shimeji) o de champiñones
½ chile verde
250 g de tofu firme
1 cucharadita de gochugaru (chile en polvo coreano, opcional)
600 ml de agua

Calienta el agua en una cazuela a fuego fuerte. Limpia el trozo de alga dasima bajo el agua corriente y deposítalo en la cazuela.

Corta la zanahoria en rodajas de 1 cm de grosor y cada rodaja en cuartos. Pica groseramente la cebolla. Cuando el agua rompa a hervir, añade la zanahoria y la cebolla.

Corta el calabacín en rodajas de 1,5 cm de grosor y cada rodaja en cuartos. Añádelo al caldo en cuanto el agua vuelva a hervir. Cuece 10 minutos. Mientras, corta el puerro al bies en rodajas de 1 cm de grosor y el tofu en dados de 2 cm de grosor. Corta los pies de las setas mangadak y lávalas (si usas champiñones, córtalos en cuartos). Corta el chile en trozos de 1 cm de grosor, despepítalo y lávalo bien bajo el grifo.

Al cabo de 10 minutos, añade el doenjang, el puerro, las setas, el tofu y el chile. Una vez reanudada la ebullición, mantén al fuego 5 minutos. Termina de condimentar añadiendo más doenjang al gusto. Si prefieres un plato más potente, añade el gochugaru.

CARNE

Ensalada de lechuga Batavia con aliño de kimchi

SANGCHU-GEOTJEORI

상추겉절이

Acostumbro a preparar este acompañamiento en lugar de kimchi o de otros platos de verduras en las barbacoas improvisadas.

4 RACIONES
Preparación 10 min

INGREDIENTES
½ lechuga Batavia
½ cebolla
½ zanahoria
1 cucharada de gochugaru (chile en polvo coreano)
2 cucharadas de salsa de soja
1 cucharada de salsa de salsa de anchoas fermentada
3 cucharadas de vinagre de manzana o de sidra
2 cucharadas de azúcar
1 cucharadita de ajo en polvo
1 cucharada de aceite de sésamo
½ cucharada de semillas de sésamo

Lava la lechuga, escúrrela y parte las hojas groseramente. Corta la cebolla en láminas finas y ponlas en remojo en agua y unas gotas de vinagre 5 minutos antes de escurrirla. Corta la zanahoria en palitos finos.

Mezcla la lechuga con la cebolla, la zanahoria, el gochugaru, la salsa de soja, la salsa de anchoas fermentada, el vinagre de manzana, el azúcar, el ajo en polvo, el aceite de sésamo y las semillas de sésamo. Sirve.

NOTA ——— *Esta ensalada se come al instante. La puedes servir con carne adobada a la plancha o salteada, como acompañamiento en lugar del kimchi.*

CARNE

Ensalada de puerros

PA-MUCHIM
파 무 침

La combinación de puerro y panceta de cerdo es una verdadera delicia. Aunque el proceso de cortar el puerro puede parecer algo laborioso, puedes tener la seguridad de que, cuando te sientes a la mesa, el esfuerzo habrá valido la pena.

---

4 RACIONES
Preparación 20 min
Reposo 10 min

INGREDIENTES
4 partes blancas de puerro
1 cucharada de gochugaru (chile en polvo coreano)
2 cucharadas de salsa de soja
1 cucharada de salsa de anchoas fermentada
4 cucharadas de vinagre de manzana o de sidra
2 cucharadas de azúcar
½ cucharadita de ajo en polvo
1 cucharada de aceite de sésamo
½ cucharada de semillas de sésamo

Lava los puerros. Córtalos longitudinalmente por la mitad. Separa las hojas interiores y las exteriores en dos pilas. Dobla cada pila en dos y, luego, pícalas finamente a lo largo. Pon el puerro picado en remojo en agua con unas gotas de vinagre 10 minutos. Escúrrelo.

En una ensaladera, mezcla el puerro, el gochugaru, la salsa de soja, la salsa de anchoas fermentada, el vinagre de manzana, el azúcar, el ajo en polvo, el aceite de sésamo y las semillas de sésamo. Sirve.

NOTA ——— *Esta ensalada de puerros se consume al instante. Normalmente, acompaña a barbacoas coreanas de samgyeopsal (panceta) de cerdo (p. 170).*

Barbacoa coreana de cerdo

SAMGYEOPSAL

삼겹살

«Samgyeopsal» es el nombre coreano de la panceta de cerdo. Sin embargo, también designa la preparación de la barbacoa de panceta de cerdo y verduras a la plancha. Se suele servir al estilo del ssambap (p. 160) y es una ocasión para que la familia o los amigos se reúnan alrededor de la mesa. Se coloca una sartén, clásica o de hierro fundido, sobre un calentador o una plancha eléctrica en el centro de la mesa para hacer la carne directamente durante la comida en lugar de usar carne ya cocinada. Se puede acompañar de la ensalada de puerros (p. 166), que marida muy bien con el cerdo y el resto de los elementos de la mesa de ssambap. A continuación, te daré algunos consejos para organizar una barbacoa coreana de panceta de cerdo.

4 RACIONES
Preparación 10 min
Cocción 10 min

INGREDIENTES
1 kg de panceta de cerdo, cortada en lonchas
8 champiñones
2 saesongyi (setas de cardo)
1 cebolla
300 g de kimchi de col china (p. 94)
flor de sal, pimienta

Arroz salteado
2 boles de arroz cocido
1 yema de huevo
200 g de kimchi de col china (p. 94)
un poco de alga gim (nori)
1 cucharada de aceite de sésamo

Panceta de cerdo
Calienta la sartén o la plancha eléctrica. Cuando esté muy caliente, deposita encima las lonchas de panceta. Condimenta con la flor de sal y la pimienta. Al cabo de unos 3-5 minutos, cuando la sangre ascienda a la parte visible de la carne, dale la vuelta. La primera cara debería haber quedado dorada. Coloca las verduras ya preparadas (véase a continuación) alrededor de la carne. Al cabo de 3-5 minutos, cuando la sangre ascienda a la superficie, vuelve a dar la vuelta a la carne. Al cabo de 3 minutos más, córtala con unas tijeras. Cada comensal se puede servir al gusto.

Verduras
Champiñones: córtales los pies y ponlos en la plancha, con el sombrero abajo. Cuando se haya llenado de su propio jugo, añade un poco de sal. Listos para servir. Setas saesongyi: córtalas en láminas longitudinales de 0,5 cm. Hazlas por ambas caras, hasta que se doren. Disfrútalas con la salsa ssamjang. Cebolla: córtala en rodajas de 1 cm de grosor. Hazlas por ambas caras, hasta que se doren. Envuélvelas en un ssam o úntalas en la salsa ssamjang. Kimchi de col: aunque se come crudo, también lo puedes hacer a la plancha.

Arroz salteado
Hacia el final de la barbacoa, cuando ya queden pocos ingredientes en la plancha, puedes terminar cocinando un arroz salteado. Para ello, añade los ingredientes y mézclalos con los restos. También puedes añadir la ensalada de puerro y saltearlo todo junto.

TRUCO —— *Si prefieres disfrutar de una receta muy sencilla en un plato, haz la carne en una sartén. Condimenta una a una las lonchas de panceta con 1 pizca de ajo en polvo, sal y pimienta. Acompaña la carne con una ensalada de lechuga Batavia con aliño de kimchi (p. 164) y con salsa ssamjang (p. 160).*

CARNE

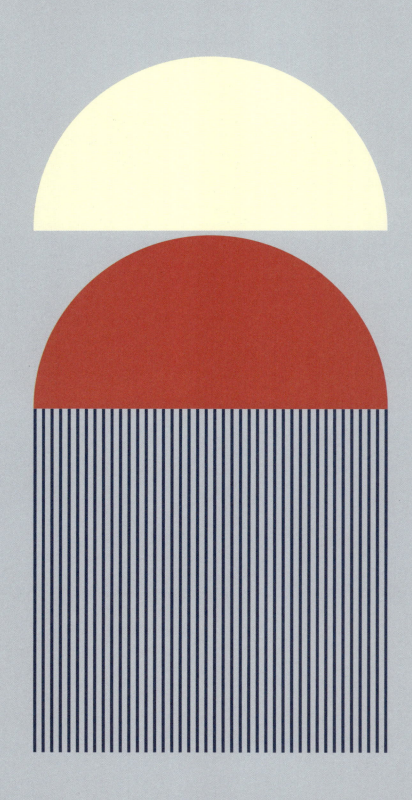

PESCADO
생선

En Corea, el mar es un tesoro y disfrutamos del pescado que nos ofrece de todas las maneras posibles: crudo, a la plancha, al vapor, guisado... En este capítulo, encontrarás recetas tradicionales y platos más modernos con los que descubrirás maneras nuevas de cocinar pescado.

Caballa a la plancha

GODEUNGEO-GUI
고등어구이

La caballa es uno de los pescados más consumidos en Corea y la comemos como segundo plato, pero también como acompañamiento. Aporta sabores muy singulares a la mesa.

4 RACIONES
Preparación 15 min
Reposo 30 min
Cocción 20 min

INGREDIENTES
2 caballas grandes
8 pizcas de sal gruesa
4 cucharadas de un aceite vegetal neutro

Vacía las caballas y desecha la cabeza, las aletas y la cola. Ábreles el vientre clavando la punta de un cuchillo afilado y deslizándolo a lo largo de la espina central. Separa los dos filetes, que deben quedar unidos a la espina central. Si quedan restos de sangre, ráscalos con suavidad para evitar que amarguen.

Sazona las caballas por ambas caras con 2 pizcas de sal gruesa y frótalas con suavidad 2 minutos, para que la sal penetre. Déjalas reposar 30 minutos.

Calienta una sartén con 2 cucharadas de aceite vegetal. Cuando esté caliente, añade la primera caballa, con la piel hacia abajo. Tapa la sartén y cuece a fuego vivo 5 minutos. Reduce a fuego bajo y prolonga la cocción 10 minutos. Da la vuelta al pescado cuando la carne se haya vuelto blanca. Vuelve a tapar la sartén y cuece a fuego vivo 5 minutos. Repite el proceso con la otra caballa.

NOTA —— *Acompaña la caballa con arroz, sopa doenjang de ternera y col china (p. 146) y una ensalada de col china en salmuera (p. 118) o alguna variedad de kimchi.*

Caballa con kimchi

GODEUNGEO KIMCHI-JORIM

고등어 김치조림

Las caballas que se venden en Corea acostumbran a ser bastante grandes. Elige ejemplares muy carnosos y acompáñalas de kimchi para que liberen todo su sabor.

4 RACIONES
Preparación 20 min
Cocción 45 min

INGREDIENTES
500 g de caballa
400 g de kimchi de col china (p. 94)
10 cm de la parte blanca de un puerro
½ cebolla
30 g de maeun yangnyeomjang (p. 152)
25 g de doenjang (pasta de soja fermentada coreana)
1 cucharada de saenggang-cheong (p. 206)
2 cucharadas de mat ganjang (p. 150)
300 ml de agua
50 ml de alcohol destilado (soju o ginebra)

Vacía las caballas y desecha la cabeza, las aletas y la cola. Corta cada caballa en tres trozos. Corta la cebolla en láminas de 1 cm de ancho. Corta el puerro al bies, en rodajas de 1 cm de grosor.

Para preparar la salsa, mezcla el maeun yangnyeomjang, el doenjang, el mat ganjang, el saenggang-cheong y el alcohol.

Deposita el kimchi, sin cortar, en el fondo de una cazuela (idealmente, ¼ de col entero). Deposita la caballa troceada sobre el kimchi. Añade el agua y la salsa, regando bien todo el pescado. Añade la cebolla. Tapa la cazuela parcialmente y lleva a ebullición a fuego fuerte. Luego, reduce a fuego medio-bajo y prolonga la cocción 30 minutos. Añade el puerro y remueve los ingredientes con cuidado una sola vez. Mantén al fuego 10 minutos más.

PESCADO

Pasta de pescado

EOMUK

어묵

El eomuk es el ingrediente principal de muchos platos coreanos. En Europa es muy raro, así que lo preparo yo misma para poder usarlo en otras recetas.

SALEN 500 G
Preparación 25 min
Cocción 20 min

INGREDIENTES

200 g de bacalao fileteado
200 g de gambas crudas
100 g de calamar
⅓ de zanahoria
1 cebolleta
20 g de fécula de patata
30 g de harina de trigo
2 claras de huevo
1 pizca de sal
1 pizca de pimienta
700 ml de un aceite vegetal neutro

Pica muy finamente la cebolleta y la zanahoria. Pela las gambas y retírales la tripa. Vacía el calamar y retírale la piel y la pluma. Tritura en un robot de cocina las gambas, el calamar y el pescado (**A**). Mezcla el triturado con las verduras, la fécula, 25 g de harina, las claras de huevo (conserva las yemas para comerlas con un bol de arroz y salsa de soja), la sal y la pimienta (**B**).

Calienta el aceite a 170 °C. Esparce el resto de la harina sobre una tabla. Deposita unos 70 g de la pasta de pescado sobre la tabla (**C**). Con una espátula de repostería, haz rodar la pasta sobre la harina y forma un cilindro (**D**). Coloca el cilindro sobre la espátula y pásalo a la sartén empujándolo con cuidado con un palillo (**E**). Repite el proceso y sigue formando cilindros hasta que no quede pasta. Fríelos 7 minutos, sácalos de la sartén y deja que se escurran al menos 5 minutos. Fríelos de nuevo 2 minutos y deja que se escurran otra vez.

Sírvelos ensartados en una brocheta y con un poco de kétchup (**F**).

TRUCO —— *Puedes usar la pasta de pescado como ingrediente en otros platos. Se conservará en el frigorífico 2 días y también la puedes congelar.*

Dorada real

DOMI-JJIM

도미찜

2 RACIONES
Preparación 30 min
Reposo 20 min
Cocción 25 min

INGREDIENTES
1 dorada entera vaciada
6 hojas de puerro
½ limón
5 g de jengibre fresco
3 cucharadas de alcohol destilado (soju o ginebra)
2 cucharaditas de jengibre en polvo
2 cucharaditas de flor de sal
½ cucharadita de pimienta

Guarnición
2 setas pyogo (shiitake)
1 huevo
⅔ de zanahoria
⅓ de calabacín
½ de la parte blanca de un puerro
½ cucharada de saenggang-cheong (p. 206)
1 cucharada de mat ganjang (p. 150)
aceite vegetal neutro
sal

Salsa
1 cucharada de salsa de soja
2 cucharadas de vinagre de manzana
½ cucharada de azúcar
½ cucharadita de mostaza

Con un cuchillo, rasca cuidadosamente la piel de la dorada en el sentido contrario a las escamas, para quitárselas. Limpia el pescado e insiste en la cola y en las aletas laterales y dorsal frotándolas entre dos dedos. Limpia bien el interior y las branquias bajo el grifo. Mezcla el soju, la flor de sal, el jengibre en polvo y la pimienta. Frota con la mezcla el interior y el exterior de la dorada y déjala marinar 15 minutos.

Prepara la guarnición. Separa la yema y la clara del huevo. Sazónalas y bátelas por separado. Haz una tortilla fina con la clara y luego otra con la yema. Córtalas en tiras finas. Corta las setas en bastoncitos y mézclalas con el saenggang-cheong y la salsa mat ganjang. Saltéalas 3 minutos en un poco de aceite neutro y añade una pizca de sal. Corta la zanahoria en bastoncitos y saltéalos en la misma sartén con un poco de aceite neutro y una pizca de sal. Haz lo mismo con el calabacín. Para terminar, deshilacha el puerro.

Haz tres cortes grandes en un ángulo de 30° a ambos lados de la dorada. Deposita una vaporera en una olla y añade agua hasta que quede 2 cm por debajo de la vaporera. Mete en la vaporera las hojas de puerro, el jengibre fresco laminado y el limón en tiras finas. Deposita la dorada encima y vierte el resto de la marinada por encima. Tapa y lleva a ebullición. Cuece 15 minutos a fuego medio, aún con la tapa. Apaga el fuego y deja reposar, con la tapa, 5 minutos. Destapa la olla y deja que se enfríe algunos minutos.

Mezcla los ingredientes de la salsa. Deposita la dorada sobre el lecho de puerro deshilachado. Coloca ahora los ingredientes de la guarnición encima de la dorada. Para comer, haz un bocado con carne de pescado y guarnición y úntalo en la salsa.

PESCADO

Rollitos de bacalao

SEANGSEON-MARIGUI
생선말이구이

2 RACIONES
Preparación 25 min
Cocción 10 min

INGREDIENTES
*400 g de lomos
  de bacalao
2 setas pyogo (shiitake)
⅓ de zanahoria
4 tallos de cebolla china
80 g de brotes de judías
  mungo
2 cucharadas de vino
  blanco
1 cucharada de
  saenggang-cheong
  (p. 206)
4 cucharadas de mat-
  ganjang (p. 150)
1 cucharadita de aceite
  de sésamo
1 pizca de pimienta
3 cucharadas de un aceite
  vegetal neutro*

Ralla la zanahoria. Corta las setas en láminas finas. Corta los tallos de cebolla china en trozos de 5 cm. Lava y escurre los brotes de judías. Corta el bacalao en tiras de unos 12 cm de largo y 1 cm de ancho.

Deposita sobre cada tira de bacalao un poco de zanahoria, un poco de cebolla china, 1 lámina de seta y brotes de judías. Enrolla el bacalao alrededor de los ingredientes y ciérralo con una brocheta.

Para la marinada, mezcla el vino, el saenggang-cheong, el mat ganjang, el aceite de sésamo y la pimienta. Cubre con aceite el fondo de una sartén y caliéntalo a fuego medio. Cuando el aceite esté caliente, añade los rollitos de bacalao. Fríelos 3 minutos en toda su superficie. Añade la marinada y cuece a fuego bajo 5 minutos. Ve girando los rollitos con cuidado, para evitar que se desmonten.

Extrae las brochetas antes de servir.

Buñuelos de pescado

SEANGSEON-TUIGIM SALAD

생선튀김 샐러드

Se trata de una versión más ligera del fish and chips británico y consiste en deliciosos buñuelos de pescado caseros acompañados de una ensalada muy sencilla.

4 RACIONES
Preparación 30 min
Cocción 10 min

INGREDIENTES
½ cebolla
¼ de lechuga iceberg
¼ de lechuga Batavia
700 g de pescado blanco
2 huevos
120 g de panko (pan rallado japonés)
80 g de harina de trigo
ajo en polvo
sal, pimienta
1 l de un aceite vegetal neutro

Salsa
4 cucharadas de mat ganjang (p. 150)
2 cucharadas de azúcar
4 cucharadas de vinagre de manzana o de sidra
3 cucharadas de agua mineral
1 pizca de pimienta

Lava y corta groseramente la lechuga. Corta la cebolla en láminas finas y ponlas en remojo 5 minutos en agua con unas gotas de vinagre. Escúrrelas. Para preparar la salsa, mezcla todos los ingredientes.

Corta el pescado en rectángulos de 3 cm de grosor, 5 cm de ancho y 7 cm de largo. Condiméntalos con generosidad con sal, pimienta y ajo en polvo y déjalos reposar 5 minutos para que los condimentos penetren. Bate los huevos. Reboza uno a uno los trozos de pescado primero en harina, luego en el huevo batido y luego en el panko.

Calienta el aceite vegetal a 170 °C. Deposita los trozos de pescado en el aceite caliente y fríelos 7 minutos. Retíralos con cuidado, deposítalos en un colador y deja que se escurran 5 minutos. Fríelos una segunda vez 3 minutos y vuelve a dejar que se escurran otros 5 minutos.

Reparte la lechuga y la cebolla en platos individuales. Alíñalas con la salsa y dispón los buñuelos encima.

NOTA —— *Puedes sustituir el pescado blanco por salmón.*

Rollitos de calamar rellenos de verduritas

OJINGEO-MARI
오징어말이

En Corea, esta receta de rollitos de calamar y verduritas se suele preparar para las fiestas de inauguración de vivienda. En Francia, la preparo cuando invito a mis amigos a tomar el aperitivo.

4 ROLLITOS
Preparación 25 min
Cocción 5 min

INGREDIENTES
4 calamares, sin las patas
½ pimiento rojo
½ pimiento amarillo
10 cm de pepino
⅓ de zanahoria
10 láminas de rábano daikon encurtido (p. 126), en rodajas

Salsa picante
25 g de gochujang (pasta de chile coreana)
1 cucharada de vinagre de manzana o de sidra
1 cucharada de azúcar
1 cucharada de limón confitado (p. 202)
½ cucharada de salsa de soja
1 cucharadita de aceite de sésamo
1 pizca de semillas de sésamo

Salsa no picante
1 cucharada de salsa de soja
½ cucharada de azúcar
2 cucharadas de vinagre de manzana o de sidra
½ cucharadita de mostaza
2 tallos de cebolleta china picados

Si es necesario, retira la piel y la pluma de los calamares, lávalos y escúrrelos. Abre el manto por la mitad para que quede como un barquillo. Sobre la superficie exterior, marca con un cuchillo muy afilado una cuadrícula pequeñita, con cuidado de no atravesar la carne.

Lleva a ebullición una olla de agua con sal. Añade los calamares y cuécelos 5 minutos. Escúrrelos y deja que se enfríen.

Corta los pimientos y la zanahoria en bastoncitos de 0,5 cm de ancho. Con un cuchillo, extrae la parte central del pepino: solo usarás la parte externa. Córtala en palitos.

En cada cuenco de calamar, dispón 5 rodajas de rábano daikon encurtido, zanahoria, pepino y pimiento. Enróllalos para cerrarlos. Atraviésalos con brochetas de madera a intervalos de 2 cm. Corta el calamar por el espacio entre las brochetas, de modo que obtengas rollitos.

Mezcla los ingredientes de la salsa que prefieras y unta en ella los rollitos de calamar.

PESCADO

Sopa doenjang con vieiras
SIGEUMCHI DOENJANG-GUK
시금치 된장국

Te propongo una sopa sencilla y elegante con espinacas, vieiras y doenjang. Me encanta en invierno, porque es muy reconfortante.

4 RACIONES
Preparación 5 min
Cocción 10 min

INGREDIENTES
1,5 l del agua obtenida del 3.er lavado del arroz blanco (p. 14)
4 cucharadas de mat ganjang (p. 150)
130 g de doenjang (pasta de soja fermentada coreana)
200 g de vieiras pequeñas
250 g de espinacas frescas
sal

Lava a conciencia las espinacas y escúrrelas. Enjuaga las vieiras y escúrrelas.

Lleva el agua a ebullición. Añade el doenjang. Una vez se haya disuelto del todo, añade las vieiras.

Cuando el agua vuelva a hervir, espera 5 minutos y añade las espinacas. Deja que se pochen unos 3 minutos. Añade el mat ganjang. Comprueba el punto de sal y corrígelo, si es necesario.

POSTRES Y BEBIDAS
다 과

Desde pastelitos hasta postres deliciosos, pasando por confites y bebidas, en este capítulo encontrarás sabores coreanos en recetas irresistibles con las que conquistarás hasta los paladares más golosos.

Crepes hotteok

HOTTEOK
호떡

SALEN 6 CREPES RELLENOS
Preparación 15 min
Reposo 2 h
Cocción 30 min

INGREDIENTES
70 g de harina de arroz glutinoso
200 g de harina de trigo
50 ml de leche
200 ml de agua
5 g de levadura de panadería seca
15 g de azúcar blanco
1 cucharadita de sal
aceite vegetal neutro

Relleno
30 g de semillas y frutos secos variados: pipas de girasol y calabaza, nueces, avellanas...
60 g de azúcar moreno
1 cucharadita de canela

Calienta el agua y la leche hasta que estén templadas, añade la levadura y el azúcar blanco y remueve. Deja reposar 5 minutos.

En un bol, vuelca la harina de trigo, la harina de arroz glutinoso y la sal. Añade poco a poco y en 3 veces la mezcla de agua y leche. Ponte guantes y úntalos generosamente con aceite neutro. Amasa a mano la masa. Ha de quedar lisa y pegajosa. Tápala y déjala reposar 2 horas a temperatura ambiente.

Pica las semillas y los frutos secos y mézclalos con el azúcar moreno y la canela.

Calienta una película de aceite vegetal en una sartén de 9 cm de diámetro. Ponte guantes y úntalos con abundante aceite. Coge un buen puñado de masa con la mano enguantada (**A**). Extiéndela un poco, haz un hoyo en el centro (**B**) y añade 1 cucharada colmada del relleno de semillas y frutos secos (**C**). Cierra el crepe estirando los bordes de la masa por encima, de modo que el relleno quede bien cubierto (**D**).

Pasa la masa rellena a la sartén. Aplasta suavemente con un disco aplanacrepes (si no tienes, usa una espátula untada de aceite) y forma un disco redondo sin romper la masa (**E**). Dale la vuelta a media cocción, hacia los 5 minutos. Ambos lados han de quedar doraditos. Haz 6 crepes en total. Listos para servir (**F**).

POSTRES Y BEBIDAS

Crepes hotteok de té matcha y chocolate blanco

NOKCHA-HOTTEOK

녹차호떡

Cuando domines la técnica de esta receta, diviértete variando el sabor de la masa y los ingredientes del relleno según lo que te apetezca en cada momento y siempre con chocolate de la mejor calidad.

SALEN 6 CREPES RELLENOS
Preparación 15 min
Reposo 2 h
Cocción 30 min

INGREDIENTES
70 g de harina de arroz glutinoso
200 g de harina de trigo
50 ml de leche
200 ml de agua
5 g de levadura de panadería seca
25 g de azúcar blanco
2 cucharadas de té matcha en polvo
1 cucharadita de sal
aceite vegetal neutro

Relleno
30 g de avellanas
50 g de chocolate blanco para repostería
⅓ de cucharadita de vainilla en polvo

Calienta el agua hasta que esté templada, añade la levadura y el azúcar blanco y remueve. Deja reposar 5 minutos. Calienta la leche hasta que esté templada, añade el té matcha en polvo y remueve. Mezcla la leche con té y el agua con azúcar y levadura.

En un bol, vuelca la harina de trigo, la harina de arroz glutinoso y la sal. Añade poco a poco y en 3 veces la mezcla de agua y leche con té matcha. Ponte guantes y úntalos generosamente con aceite neutro. Amasa a mano la masa. Ha de quedar lisa y pegajosa. Tápala y déjala reposar 2 horas a temperatura ambiente.

Corta el chocolate blanco en trozos y pica las avellanas. Mezcla el chocolate, las avellanas y la vainilla.

Calienta una película de aceite vegetal en una sartén de 9 cm de diámetro. Ponte guantes y úntalos con abundante aceite. Coge un buen puñado de masa con la mano enguantada. Extiéndela un poco, haz un hoyo en el centro y añade 1 cucharada colmada del relleno de chocolate y avellanas. Cierra el crepe estirando los bordes de la masa por encima, de modo que el relleno quede bien cubierto.

Pasa la masa rellena a la sartén. Aplasta suavemente con un disco aplanacrepes (o una espátula untada de aceite) y forma un disco redondo sin romper la masa. Dale la vuelta a media cocción, hacia los 5 minutos. Los dos lados han de quedar doraditos. Haz 6 crepes en total.

Sirve los crepes acompañados de una bola de helado de vainilla y algunos frutos rojos.

Bolitas de arroz dulces

GYEONGDAN

경단

Esta es la primera receta que aprendí a cocinar cuando iba a la universidad en Corea. Varía el relleno de estas preciosas bolitas de arroz glutinoso en función de lo que más te apetezca. Te aconsejo que las acompañes con una buena taza de té muy caliente.

SALEN 25 BOLITAS
Preparación 40 min
Reposo 10 min
Cocción 10 min

INGREDIENTES
200 g de harina de arroz glutinoso
30 g de azúcar blanco
½ cucharadita de sal
100-150 ml de agua hirviendo
125 g de pasta de alubias rojas azucarada (anko)
30 g de bizcochos de Soletilla o melindros
5 g de chocolate en polvo
5 g de té matcha en polvo
5 g de boniato en polvo
30 g de fécula de patata

Vuelca la harina de arroz glutinoso, la sal y 10 g de azúcar en un bol. Vierte el agua hirviendo poco a poco, a cucharadas. Remueve con la cuchara y luego con la mano después de cada cucharada de agua. Asegúrate de que el agua siga hirviendo durante todo el proceso. Repite la operación las veces que sea necesario hasta que obtengas una pasta consistente y muy lisa, como la plastilina. Entonces, amasa enérgicamente 5 minutos. Tapa la masa y déjala reposar 10 minutos a temperatura ambiente.

Rompe y desmenuza los bizcochos de Soletilla sobre un colador de malla fina, para poder recuperar todo el polvo. Mezcla 10 g de los bizcochos desmenuzados con el té matcha, 10 g con el chocolate en polvo y 10 g con el boniato en polvo.

Reparte la masa en porciones de 12 g y forma una bolita con cada una. Aprieta el centro de las bolas para formar un hoyo y rellénalo con 5 g de pasta de alubias rojas. Vuelve a formar la bola. Rebózalas todas en la fécula de patata.

Sumerge las bolas rellenas en una olla con agua hirviendo. Cuando asciendan a la superficie, espera 2 minutos y sácalas con una espumadera. Pásalas a un bol con agua fría y luego a otro bol también con agua fría. Escúrrelas y rebózalas en los 20 g de azúcar restantes.

Ahora, hazlas rodar una a una en el polvo que prefieras: chocolate, matcha o boniato.

Galletas dalgona

DALGONA
달고나

En Corea, estas galletas se vendían en pequeños puestos delante de las escuelas. Separar la forma impresa del resto de la galleta sin romperla era un verdadero triunfo y el vendedor recompensaba a los niños que lo conseguían con un dulce de regalo.

SALE 1 GALLETA
Preparación 5 min
Cocción 5 min

INGREDIENTES
2 cucharadas de azúcar blanco
¼ de cucharadita de bicarbonato

Vierte el azúcar en un cucharón de acero inoxidable. Enciende el fuego y pon el cucharón encima. Remueve el azúcar con un palillo de madera desechable. Sube y baja el cucharón mientras lo haces girar, para controlar la temperatura y evitar que el azúcar se queme.

Cuando el azúcar se haya fundido, pero aún no hierva, añade el bicarbonato y aleja un poco el cucharón del fuego. Remueve enérgicamente, hasta que obtengas una masa beige hinchada. Cuando percibas el olor a caramelo, remueve 20 segundos más y vierte la preparación en 1 o 2 veces sobre una bandeja de horno recubierta de papel vegetal. Deja el resto del caramelo en el cucharón. Espera 20 segundos y aprieta la masa con un cortapastas metálico redondo. Retíralo con cuidado a los 5 segundos. Ten en cuenta que el tiempo de espera puede variar en función de la temperatura ambiente. Los tiempos que indico en la receta son válidos para una temperatura ambiente de unos 20 °C.

Para la forma, usa el molde que prefieras y presiónalo ligeramente sobre la galleta en cuanto la hayas cortado.

Galletas yakgwa

YAKGWA
약과

Cuando, de pequeña, iba a casa de mi abuela, me encantaba ir a su dormitorio. Siempre abría un cajón para ofrecerme una de estas galletas, que yo cogía con las manitas como si fuera un tesoro.

SALEN 20 GALLETAS
Preparación 30 min
Reposo 24 h
Cocción 20 min

INGREDIENTES

1 l de un aceite vegetal neutro
20 pipas de girasol
20 pipas de calabaza
5 jínjoles secos

Sirope jip-cheong
320 g de jarabe de arroz
50 g de miel
100 ml de agua
5 g de jengibre

Masa
200 g de harina de trigo
1 cucharadita de canela
1 cucharadita de sal
75 g de azúcar moreno
30 ml de agua
25 ml de sirope jip-cheong
20 ml de un aceite vegetal neutro
½ cucharada de aceite de sésamo
1 pizca de pimienta

Para el jip-cheong, primero pela el jengibre. Luego, mezcla en una cazuela el jarabe de arroz, la miel, el agua y el jengibre pelado. Calienta a fuego medio. Una vez hierva y el jarabe empiece a subir, reduce a fuego bajo y cuece 5 minutos. Desecha los trocitos de jengibre y reserva el sirope.

En una ensaladera, vuelca la harina y esparce por encima el aceite de sésamo a gotitas. Frota las gotas entre las yemas de los dedos para repartirlas por toda la harina. Tamiza la harina haciéndola pasar por un colador de malla fina con la ayuda de una cuchara. Mezcla la harina tamizada con la sal, la pimienta y la canela. En un bol, disuelve el azúcar en el agua y remueve con regularidad 10 minutos. Añade la harina, el sirope jip-cheong y el aceite vegetal neutro. Para remover, desliza el filo de una espátula de cocina de un borde al otro de la ensaladera, asegurándote de tocar el fondo. Forma una bola con la mano una vez que la masa sea homogénea. No la amases demasiado, hay que evitar que la masa adquiera elasticidad.

Con un rodillo de cocina, extiende la masa sobre una tabla hasta que tenga 1 cm de grosor. Corta galletas con un cortapastas de 3,5 cm de diámetro. Antes de retirarlo, apoya ligeramente un dedo en el centro de la galleta. Pincha la superficie 10 veces con un palillo y retira el cortapastas.

Calienta el aceite vegetal a fuego medio en un wok. Coloca una mano sobre el aceite, sin tocarlo, para comprobar el aumento de la temperatura. Cuando notes que empieza a subir, deposita las galletas en el aceite. Si se pegan al fondo o entre ellas, sepáralas con mucho cuidado. Cuando las galletas asciendan a la superficie, sube a fuego fuerte. Sácalas de la sartén en cuanto estén doradas y sumérgelas inmediatamente en el resto del sirope jip-cheong. Déjalas reposar a temperatura ambiente al menos 6 horas.

Dispón las galletas sobre una rejilla y decóralas con las pipas y los jínjoles. Vierte unas gotitas de sirope jip-cheong sobre las decoraciones. Deja que todo se seque hasta el día siguiente. Estarán terminadas cuando el sirope no sea demasiado pegajoso.

TRUCO ——— *Para las flores de jínjol, clava un cuchillo al bies a lo largo del jínjol. Gíralo, de modo que solo conserves la parte exterior. Pinta la cara interna con sirope y enróllalo con fuerza. Córtalo en láminas finas.*

POSTRES Y BEBIDAS

200

Limón confitado

LEMON-CHEONG
레몬청

Este limón confitado coreano resulta perfecto a fin de preparar tanto bebidas frías, como aliños para ensalada o marinadas.

SALEN 500 ML
Preparación 30 min

INGREDIENTES
8-10 limones
1 lima
330 g de azúcar blanco
bicarbonato

Remoja con agua los limones y la lima. Frótales la piel a conciencia con el bicarbonato y enjuágalos. Exprime limones hasta que obtengas 300 ml de jugo. Mezcla el jugo con el azúcar. Remueve con regularidad hasta que el azúcar se haya disuelto.

Corta 1 o 2 limones y la lima en rodajas muy finas. Mezcla las rodajas y el jugo de limón con azúcar. Vierte toda la preparación en un tarro previamente esterilizado (p. 122).

El limón confitado se conservará 3 meses en el frigorífico.

POSTRES Y BEBIDAS

Limonada casera

LIMONADE
레몬에이드

Es mi bebida coreana preferida y ofrece un equilibrio dulce-ácido perfecto. El frescor de la acidez en boca se nota desde el primer trago.

SALE 1 VASO DE 330 ML

Limonada natural
En un vaso de 330 ml de capacidad, deposita 3 cucharadas de jarabe de limón confitado y 1 rodaja de limón confitado (p. 202). Añade 250 ml de agua con gas muy fresca y remueve con suavidad.

Con frutos del bosque
Maja groseramente 10 frambuesas en el fondo del vaso. En el mismo vaso, añade 3 cucharadas de jarabe de limón confitado y 1 rodaja de limón confitado (p. 202). Añade 250 ml de agua con gas muy fresca y remueve con suavidad.

Con menta
Parte groseramente algunas hojas de menta, para que liberen todo su sabor, y deposítalas en el fondo del vaso. Añade 3 cucharadas de jarabe de limón confitado y 1 rodaja de limón confitado (p. 202). Añade 250 ml de agua con gas muy fresca y remueve con suavidad.

POSTRES Y BEBIDAS

Jengibre confitado

SAENGGANG-CHEONG

생 강 청

Siempre tengo un bote de jengibre confitado en el frigorífico. Aparte de las virtudes medicinales de esta raíz, me encanta añadirla al té para potenciar el sabor de la infusión.

SALE 1 TARRO DE 500 ML
Preparación 40 min
Reposo 2 h
Cocción 50 min

INGREDIENTES
1 kg de jengibre fresco con la piel
1 pera
500 g de azúcar de caña

Pon el jengibre en remojo en agua fría y déjalo reposar 30 minutos, para que pelarlo sea más fácil. Pela íntegramente las raíces de jengibre. Rasca las partes más grandes con una cucharilla y los ángulos con la punta de un cuchillo pequeño. Pela y despepita la pera.

Tritura en un robot de cocina el jengibre y la pera hasta que obtengas una masa homogénea. Coloca un colador de malla fina sobre una ensaladera, pon encima una muselina y vierte el jengibre y la pera triturados. Cierra la muselina en un saquito y presiona con un cucharón, para extraer el máximo líquido posible. Desecha el contenido del saquito y deja reposar el bol con el jugo 1 h 30 min.

Vierte el jugo en una olla con mucho cuidado y evita que caiga el almidón que se ha depositado en el fondo del bol. Añade el azúcar y calienta sin tapar a fuego bajo-medio 50 minutos, removiendo con regularidad.

Deja que la preparación se enfríe y, cuando esté templada, viértela en un tarro previamente esterilizado (p. 122). Cuando se haya enfriado del todo, métalo en el frigorífico.

El saenggang-cheong se conservará 3 meses en el frigorífico.

POSTRES Y BEBIDAS

Bebidas de jengibre

SAENGGANG-EUMLYO
생강음료

Té de jengibre

SALE 1 TAZA
Preparación 5 min

INGREDIENTES
330 ml de agua, 2 cucharadas de saenggang-cheong (p. 206)

Hierve el agua y mézclala con el saenggang-cheong.

Té de jengibre con leche

SALE 1 TAZA
Preparación 5 min

INGREDIENTES
330 ml de leche, 2 cucharadas de saenggang-cheong (p. 206), 1 pizca de canela

Calienta la leche sin que llegue a hervir y mézclala con el saenggang-cheong. Esparce la canela por encima.

# ANEXOS

Ingredientes básicos

Aceite de sésamo —— El coreano es un aceite de sésamo tostado con un sabor muy sutil. Si no lo encuentras, compra el japonés, porque el de otros países suele tener un sabor más intenso.

Alga gim —— Esta alga, conocida también por su nombre japonés, nori, se vende de dos maneras: en su forma natural, cuyas grandes láminas permiten enrollar los gimbap (p. 120), y en forma de hojitas pequeñas y condimentadas, que se consumen como acompañamiento sin necesidad de prepararlas. Esta variedad es uno de los acompañamientos preferidos de los coreanos. Con ella, se puede envolver arroz, kimchi de col o cualquier otro ingrediente.

Alga miyeok —— Por lo general, se vende seca y, una vez rehidratada, es ideal en algunas sopas y ensaladas. También se la conoce por su nombre japonés, wakame.

Chunjang (pasta de alubias negras) —— Ingrediente originario del noreste de China, en Corea se usa como ingrediente principal en la salsa jjajang. Hay dos versiones: una sin cocinar, que deberás saltear antes de usarla en el plato y que yo te aconsejo, y otra precocinada, que no deberás saltear. Es muy importante tenerlo en cuenta antes de usarla.

Curri coreano en polvo —— En Corea solo existe una mezcla de curri, creada y aún comercializada por la marca Ottogi®. El curri es una mezcla de especias que llegó a la gastronomía coreana durante el siglo xx y que se ha impuesto rápidamente en todas las cocinas.

Dangmyeon (fideos de boniato) —— Estos fideos típicamente coreanos tienen una textura muy elástica. Si no los encuentras, usa fideos de judía mungo vietnamitas, que tienen un sabor similar, aunque la textura es algo distinta. En este caso, ponlos en remojo solo 1 hora en lugar de las 2 que necesitan los dangmyeon.

Doenjang (pasta de soja fermentada) —— Esta pasta es muy popular y se usa en muchas sopas y marinadas o adobos. Es fácil de encontrar, también en internet, y se conserva meses en el frigorífico.

Fideos somyeon —— Estos fideos de trigo son muy finos y se pueden consumir calientes, aunque se suelen usar fríos en muchos platos. Para ello, hay que respetar la técnica de cocción y enfriarlos en varias tandas, para eliminar todo el almidón. También se los conoce por su nombre japonés, somen.

Gochugaru (chile en polvo) —— Compuesto de chile rojo en escamas, es indispensable para equilibrar los condimentos de los platos picantes o para realzar ligeramente los sabores, como la pimienta en la cocina francesa.

Gochujang (pasta de chile fermentada) —— Esta pasta de soja picante es uno de los ingredientes básicos que hay que tener en la despensa. Se utiliza en muchos platos coreanos y se conserva mucho tiempo en el congelador.

Harina de arroz glutinoso —— Se usa en postres, kimchi y, en ocasiones, masas, a las que otorga una textura elástica. Hay dos tipos de harina de arroz: glutinosa y no glutinosa. Como es más fácil encontrar la primera, es la que he usado en las recetas de este libro.

Jarabe de arroz —— Se usa sobre todo en los postres, a los que aporta brillo y textura.

Jarabe de maíz —— Sustituye al azúcar en algunos platos, sobre todo por su textura untuosa. Si no tienes, puedes usar miel, aunque esta no posee un sabor tan neutro, o sirope de agave.

Jínjoles secos —— Los jínjoles, o dátiles chinos secos, se usan tanto como ingrediente como para decorar los platos.

Rábano daikon —— Los hay de múltiples formas y tamaños. Los más habituales en Europa son muy largos. Si no los encuentras, en muchas recetas los puedes sustituir por rábanos negros o incluso nabos.

Salsa de anchoas fermentada —— Es un ingrediente básico y cada vez es más fácil de encontrar. Es a la cocina coreana lo que el nuoc-mâm es a la cocina vietnamita. Si no tienes salsa de anchoas, la puedes sustituir por nuoc-mâm, aunque el sabor es algo distinto.

Salsa de soja —— Esta salsa oscura es indispensable en una amplia variedad de platos y condimentos. Si no usas salsa de soja coreana, cualquier otra salsa de soja asiática te irá bien, pero opta por una de contenido reducido en sal.

Semillas de sésamo ——— Las semillas de sésamo tostadas son un condimento que se suele añadir al final, para rematar el plato, o a algunos postres, y se majan o no en función del efecto que se busque. Pueden ser pardas o negras. Elige el color que quede mejor visualmente. En cuanto al sabor, da igual la marca que uses, pero presta atención a la calidad de la elaboración. Opta por marcas coreanas o alternativas ecológicas, sobre todo si las consumes con frecuencia.

Soju ——— Este alcohol destilado coreano tiene un sabor neutro y, en la cocina coreana, se usa para ablandar la carne y eliminar los posibles aromas desagradables que pueda tener. Si no tienes soju, usa ginebra en las mismas proporciones.

Tofu firme ——— Aparece en muchos platos, ya sea como ingrediente principal o como ingrediente de un caldo, por ejemplo. Se come frío, recalentado, a la plancha o hervido. Evita las marcas industriales europeas, cuyo sabor acostumbra a ser mediocre.

Vinagre de manzana ——— Este vinagre coreano aromatiza muchísimas salsas. Lógicamente, la alternativa en Europa es el vinagre de sidra, que también aportará el picante del vinagre y el aroma de la manzana a tus platos.

Utensilios

La cocina coreana no requiere utensilios especiales. He comprado todos los que he usado en el libro en grandes superficies francesas o por internet.

Batidora manual — Algunas masas coreanas son espesas y pegajosas. Por eso, te conviene invertir en una batidora de calidad si no quieres que se rompa. Por desgracia, las de silicona son poco adecuadas para estas texturas.

Cazuela — Contar con una cazuela de hierro fundido, o una gran cacerola, es indispensable para preparar arroz y guisos. Es fundamental que tenga tapa.

Colador de malla fina — Permite escurrir las frituras y los confites, así como infusionar los ingredientes de un caldo.

Cuchillo de chef — Los cuchillos grandes de hoja ancha son muy prácticos para cortar muchas verduras y, sobre todo, cuando hay que cortarlas muy finas.

Cuchillo grande y fino — Es ideal para cortar carne y trinchar aves, siempre que esté muy afilado.

Espátula de repostería — La suelo utilizar para dar forma a algunos platos o incluso para alisar ciertas salsas de una sola pasada

Espumadera — La uso con frecuencia entre dos tandas de fritura, para evitar que los residuos quemados estropeen el sabor y el aspecto de los buñuelos. También es muy práctica para desgrasar los caldos de ternera sin usar un colador.

Mandolina — Permite cortar de múltiples maneras. Sobre todo, en láminas muy finas, pero también en los palitos tan finos que se suelen usar en la cocina coreana (más grandes que si se rallara el ingrediente, pero no mucho más), por ejemplo, para el rábano daikon durante la preparación del kimchi.

Mortero y mano de mortero — Los dos facilitan majar las semillas de sésamo.

Palillos — Si quieres preparar platos coreanos, no hay nada mejor que los palillos, sobre todo para saltear la carne y las verduras o agarrar con precisión ingredientes mal colocados durante la cocción. También son muy prácticas para pulir los aliños.

Picador de ajos — El ajo es el ingrediente estrella de la cocina coreana, por lo que el picador de ajos me ahorra tener que pasar horas picando a mano.

Pincel de cocina — Es un magnífico aliado cuando hay que extender una buena cantidad de salsa sobre ingredientes frágiles o para untarlos con salsas determinadas.

Pinzas de metal — Son las aliadas perfectas de las tijeras y las utilizo para sujetar los ingredientes que he de cortar, pero también para girar la carne en la barbacoa y para separar o sacar alimentos del aceite de fritura.

Prensa de metal — Esta pequeña prensa es ideal para formar crepes y algunos postres.

Saquito de muselina — Este saquito reutilizable permite infusionar o filtrar gran cantidad de ingredientes en algunos caldos. Me encanta, porque es práctico y ecológico.

Sartén de hierro fundido — Este revestimiento es ideal para toda la carne adobada a la plancha y sobre todo si la carne se cocina directamente en la mesa, como en las barbacoas. La puedes sustituir por cualquier otra sartén convencional o por una barbacoa de mesa.

Sartén grande — Una sartén grande o un wok te serán muy útiles para cocinar platos coreanos.

Sartén pequeña — Me encanta la sartén de 9 cm de diámetro, porque además de hacer tortitas o crepes pequeñas y redondas, consigue huevos fritos perfectos, un ingrediente necesario en algunas recetas.

Tijeras — Mientras que en Europa es habitual encontrar tijeras en los estuches escolares, en Corea se hallan sobre todo en la cocina. Hay que cortar kimchi, piel de pollo, panceta de cerdo, cebolleta... Me resultan imprescindibles.

Tabla de recetas

Arroz • 12

Arroz blanco • 14

Arroz morado • 16

Arroz salteado con kimchi • 16

Arroz salteado con gambas y piña • 18

Arroz salteado con verduras, salchicha
 y curri • 20

Bolitas de arroz • 22

　Atún y mayonesa • 22

　Surimi y mayonesa • 22

　Tortilla de jamón • 22

Bol de arroz, tortilla, atún y mayonesa • 24

Gachas de arroz • 26

　Pollo • 26

　Ternera • 26

Masas • 28

Masa de tteokbokki tteok • 30

Tteokbokki salteados con pasta de chile • 32

Tteokbokki con pasta de alubias negras • 34

Tteokbokki con salsa de soja • 36

Brochetas de tteok con salsa dulce y salada • 38

Masa de tortitas coreanas • 40

Tortitas de calabacín • 42

Tortitas de kimchi • 44

Tortitas de marisco • 46

Tortitas de atún • 48

Tortitas de judías mungo • 50

Masa de buñuelos coreanos • 54

Buñuelos de boniato • 56

Buñuelos de algas con fideos • 58

Pollo frito coreano • 60

Verduras • 62

Rábano daikon salteado • 64

Setas salteadas • 66

Judías verdes salteadas • 68

Calabacín salteado • 70

Espinacas con sésamo • 72

Brotes de judías con sésamo • 72

Ensalada de rábano daikon con chile • 74

Bibimbap casero • 76

Raíces de loto dulces y saladas • 80

Ensalada de tofu • 82

Ensalada de surimi • 84

Patatas salteadas con sésamo • 86

Sopa helada con algas • 88

Pimientos rellenos • 90

Kimchi y encurtidos • 92

Kimchi de col china • 94

Kimchi de pepino • 96

Kimchi de rábano daikon • 98

Kimchi de cebolla china • 100

Kimchi blanco • 102

Kimchi salteado • 104

Kimchi salteado con cerdo • 108

Ragú de kimchi • 110

Bossam kimchi y cerdo al vapor • 112

Ragú de kimchi con puré de tofu • 114

Fideos fríos con kimchi • 116

Ensalada de col china en salmuera • 118

Gimbap de kimchi • 120

Encurtidos con salsa de soja • 122

　Cebolla • 122

216

Espárragos • 122
Brócoli • 122
Pepino encurtido con salsa de soja • 124
Rábano daikon encurtido • 126

Carne • 128
Guiso coreano de pollo • 130
Jangjorim de ternera • 134
Tartar de ternera coreano • 136
Bulgogi de cerdo • 138
Japchae de ternera • 140
Cerdo asado maekjeok • 142
Sopa de ternera picante con verduras • 144
Sopa doenjang de ternera y col china • 146
Sopa de picantón coreana • 148
Salsa mat ganjang • 150
Adobo picante • 152
Adobo para barbacoa • 152
Ssambap de ternera bulgogi • 154
Filete ruso al estilo coreano • 156
Asado de tira en chuletas finas • 158
Mesa para un ssambap • 160
　Salsa ssamjang • 160
　Col blanca al vapor • 160
Ragú de doenjang con verduras • 162
Ensalada de lechuga Batavia con aliño de kimchi • 164
Ensalada de puerros • 166
Barbacoa coreana de cerdo • 170

Pescado • 172
Caballa a la plancha • 174
Caballa con kimchi • 176

Pasta de pescado • 178
Dorada real • 180
Rollitos de bacalao • 182
Buñuelos de pescado • 184
Rollitos de calamar rellenos de verduritas • 186
Sopa doenjang con vieiras • 188

Postres y bebidas • 190
Crepes hotteok • 192
Crepes hotteok de té matcha y chocolate blanco • 194
Bolitas de arroz dulces • 196
Galletas dalgona • 198
Galletas yakgwa • 200
Limón confitado • 202
Limonada casera • 204
　Limonade natural • 204
　Limonada con frutos del bosque • 204
　Limonada con menta • 204
Jengibre confitado • 206
Bebidas de jengibre • 208
　Té de jengibre • 208
　Té de jengibre con leche • 208

217

Índice de ingredientes

A

Ajo
Adobo para barbacoa • 152
Adobo picante • 152
Sopa de picantón coreana • 148

Alcohol destilado (soju o ginebra)
Adobo para barbacoa • 152
Caballa con kimchi • 178
Bossam kimchi y cerdo al vapor • 112
Bulgogi de cerdo • 138
Cerdo asado maekjeok • 142
Dorada real • 180
Jangjorim de ternera • 134
Kimchi salteado con cerdo • 108
Gachas de arroz • 26
Guiso coreano de pollo • 130
Salsa mat ganjang • 150
Sopa de picantón coreana • 148
Sopa de ternera picante con verduras • 144
Tortitas de judías mungo • 50

Algas
Buñuelos de algas con fideos • 58
Fideos fríos con kimchi • 116
Gimbap de kimchi • 120
Raíces de loto dulces y saladas • 80
Ragú de doenjang con verduras • 162
Sopa helada con algas • 88

Arroz
Arroz blanco • 14
Arroz morado • 14
Arroz salteado con gambas y piña • 18
Arroz salteado con kimchi • 16
Arroz salteado con verduras, salchicha y curri • 20
Barbacoa coreana de cerdo • 170
Bibimbap casero • 76
Bol de arroz, tortilla, atún y mayonesa • 24
Bolitas de arroz, atún y mayonesa • 22
Bolitas de arroz, surimi y mayonesa • 22
Bolitas de arroz y tortilla de jamón • 22

Gachas de arroz • 26
Gachas de arroz con pollo • 26
Gachas de arroz con ternera • 26
Gimbap de kimchi • 120

Arroz negro
Arroz morado • 14

Atún
Arroz salteado con kimchi • 16
Bol de arroz, tortilla, atún y mayonesa • 24
Bolitas de arroz, atún y mayonesa • 22
Tortitas de atún • 48

Avellanas
Crepes hotteok de té matcha y chocolate blanco • 194

Azúcar blanco
Galletas dalgona • 198
Jengibre confitado • 206
Limón confitado • 202

B

Bacalao
Pasta de pescado • 178
Rollitos de bacalao • 182

Batavia, lechuga de
Bol de arroz, tortilla, atún y mayonesa • 24

Bayas de goji
Sopa de picantón coreana • 148

Beicon ahumado
Judías verdes salteadas • 68
Ensalada de lechuga Batavia con aliño de kimchi • 164

Bicarbonato
Galletas dalgona • 198

Bizcochos de Soletilla
Bolitas de arroz dulces • 196

Boniato
Buñuelos de boniato • 56

Brócoli
Brócoli encurtido • 122

Brotes de judías
Bibimbap casero • 76
Brotes de judías con sésamo • 72
Rollitos de bacalao • 182
Sopa de ternera picante
 con verduras • 144
Tortitas de judías mungo • 50
Bulgur
Arroz morado • 14

C
Caballa
Caballa a la plancha • 174
Caballa con kimchi • 176
Calabacín
Arroz salteado con verduras, salchicha
 y curri • 20
Bibimbap casero • 76
Calabacín salteado • 70
Dorada real • 180
Ragú de doenjang con verduras • 162
Tortitas de calabacín • 42
Calamar
Pasta de pescado • 178
Rollitos de calamar rellenos de verduritas • 186
Tortitas de marisco • 46
Cebolla
Adobo para barbacoa • 152
Adobo picante • 152
Cebolla encurtida • 122
Ensalada de lechuga Batavia con aliño
 de kimchi • 164
Ragú de doenjang con verduras • 162
Cebolleta china
Bossam kimchi y cerdo al vapor • 112
Ensalada de col china en salmuera • 118
Kimchi de cebolla china • 100
Rollitos de bacalao • 182
Sopa de picantón coreana • 148

Cerdo
Barbacoa coreana de cerdo • 170
Bossam kimchi y cerdo al vapor • 112
Bulgogi de cerdo • 138
Cerdo asado maekjeok • 142
Kimchi salteado con cerdo • 108
Ragú de kimchi • 110
Ragú de kimchi con puré de tofu • 114
Tortitas de judías mungo • 50
Tteokbokki con pasta de alubias negras • 34
Cerveza
Cebolla encurtida • 122
Brócoli encurtido • 122
Espárragos encurtidos • 122
Pepino encurtido con salsa de soja • 124
Chocolate blanco
Crepes hotteok de té matcha y chocolate
 blanco • 194
Col blanca
Cebolla encurtida • 122
Col blanca al vapor • 160
Tteokbokki con pasta de alubias negras • 34
Col china
Arroz salteado con kimchi • 16
Barbacoa coreana de cerdo • 170
Bolitas de arroz, atún y mayonesa • 22
Bossam kimchi y cerdo al vapor • 112
Caballa con kimchi • 176
Ensalada de col china en salmuera • 118
Fideos fríos con kimchi • 116
Gimbap de kimchi • 120
Kimchi blanco • 102
Kimchi de col china • 94
Kimchi salteado • 104
Kimchi salteado con cerdo • 108
Ragú de kimchi • 110
Ragú de kimchi con puré de tofu • 114
Sopa doenjang de ternera y col china • 146
Tortitas de kimchi • 44

Curri
Pollo frito coreano • 60

D
Doenjang (pasta de soja coreana)
Bossam kimchi y cerdo al vapor • 112
Cerdo asado maekjeok • 142
Ragú de doenjang con verduras • 162
Salsa ssamjang • 160
Sopa doenjang con vieiras • 188
Sopa doenjang de ternera y col china • 146
Dorada
Dorada real • 180

E
Endibia
Ssambap de ternera bulgogi • 154
Espárragos
Espárragos encurtidos • 122
Espinacas
Bibimbap casero • 76
Espinacas con sésamo • 72
Sopa doenjang con vieiras • 188

F
Fideos
Fideos fríos con kimchi • 116
Fideos de boniato
Buñuelos de algas con fideos • 58
Japchae de ternera • 140
Frambuesa
Limonada con frutos del bosque • 204

G
Gambas
Arroz salteado con gambas y piña • 18
Pasta de pescado • 178
Tortitas de marisco • 46
Gochugaru (chile)
Adobo picante • 152
Ensalada de lechuga Batavia con aliño de kimchi • 164

Ensalada de rábano daikon con chile • 74
Kimchi de cebolla china • 100
Kimchi de col china • 94
Kimchi de pepino • 96
Kimchi de rábano daikon • 98

H
Harina de arroz glutinoso
Bolitas de arroz dulces • 196
Brochetas de tteok con salsa dulce y salada • 38
Crepes hotteok • 192
Crepes hotteok de té matcha y chocolate blanco • 194
Masa de tteokbokki tteok • 30
Tteokbokki con pasta de alubias negras • 34
Tteokbokki con salsa de soja • 36
Tteokbokki salteados con pasta de chile • 32
Harina de trigo
Crepes hotteok • 192
Crepes hotteok de té matcha y chocolate blanco • 194
Masa de buñuelos coreanos • 54
Masa de tortitas coreanas • 40
Hoja de roble, lechuga
Ensalada de tofu • 82
Huevos
Arroz salteado con gambas y piña • 18
Arroz salteado con kimchi • 16
Bol de arroz, tortilla, atún y mayonesa • 24
Bolitas de arroz y tortilla de jamón • 22
Fideos fríos con kimchi • 116
Gimbap de kimchi • 120
Masa de buñuelos coreanos • 54
Masa de tortitas coreanas • 40
Pimientos rellenos • 90
Tartar de ternera coreano • 136
Tortitas de atún • 48

J
Jamón cocido
Bolitas de arroz y tortilla de jamón • 22

Gimbap de kimchi • 120
Jengibre
Adobo para barbacoa • 152
Jengibre confitado • 206
Té de jengibre • 208
Té de jengibre con leche • 208
Sopa de picantón coreana • 148
Jarabe de arroz
Galletas yakgwa • 200
Jínjoles
Galletas yakgwa • 200
Kimchi blanco • 102
Sopa de picantón coreana • 148
Judías mungo *véase* **Brotes de judías**
Judías verdes
Judías verdes salteadas • 68

K
Kimchi de col
Arroz salteado con kimchi • 16
Barbacoa coreana de cerdo • 170
Caballa con kimchi • 176
Fideos fríos con kimchi • 116
Gimbap de kimchi • 120
Kimchi salteado • 104
Kimchi salteado con cerdo • 108
Ragú de kimchi • 110
Ragú de kimchi con puré de tofu • 114
Tortitas de judías mungo • 50
Tortitas de kimchi • 44

L
Leche
Té de jengibre con leche • 208
Lechuga, cogollos de
Ssambap de ternera bulgogi • 154
Lechuga de hoja verde
Ensalada de surimi • 84
Lentejas verdes
Arroz morado • 14
Lima
Limón confitado • 202

Limón
Limón confitado • 202
Limonada con frutos del bosque • 204
Limonada con menta • 204
Limonada natural • 204
Loto
Raíces de loto dulces y saladas • 80

M
Mat ganjang
Tteokbokki con salsa de soja • 36
Matcha
Crepes hotteok de té matcha y chocolate blanco • 194
Mayonesa
Bol de arroz, tortilla, atún y mayonesa • 24
Bolitas de arroz, atún y mayonesa • 22
Bolitas de arroz, surimi y mayonesa • 22
Menta
Limonada con menta • 204
Miel
Adobo para barbacoa • 152
Galletas yakgwa • 200
Raíces de loto dulces y saladas • 80

P
Panko
Buñuelos de pescado • 184
Pasta de alubias negras
Tteokbokki con pasta de alubias negras • 34
Pasta de alubias rojas
Bolitas de arroz dulces • 196
Pasta de chile
Bibimbap casero • 76
Bossam kimchi y cerdo al vapor • 112
Bulgogi de cerdo • 138
Fideos fríos con kimchi • 116
Rollitos de calamar rellenos de verduritas • 186
Sauce ssamjang • 160
Tteokbokki salteados con pasta de chile • 32
Pasta de pescado
Tteokbokki con pasta de alubias negras • 34

221

Tteokbokki con salsa de soja • 36
Tteokbokki salteados con pasta de chile • 32
Patata
Arroz salteado con verduras, salchicha y curri • 20
Guiso coreano de pollo • 130
Patatas salteadas con sésamo • 86
Pepino
Gimbap de kimchi • 120
Kimchi de pepino • 96
Pepino encurtido con salsa de soja • 124
Rollitos de calamar rellenos de verduritas • 186
Pera coreana
Tartar de ternera coreano • 136
Pescado blanco
Buñuelos de pescado • 184
Pimiento
Ensalada de tofu • 82
Japchae de ternera • 140
Pimientos rellenos • 90
Rollitos de calamar rellenos de verduritas • 186
Piña
Arroz salteado con gambas y piña • 18
Pipas de calabaza
Galletas yakgwa • 200
Pipas de girasol
Galletas yakgwa • 200
Pollo
Gachas de arroz con pollo • 26
Guiso coreano de pollo • 130
Pollo frito coreano • 60
Sopa de picantón coreana • 148
Puerro
Dorada real • 180
Ensalada de puerros • 166
Ragú de doenjang con verduras • 162
Sopa de ternera picante con verduras • 144

Q
Quinoa
Arroz morado • 14

R
Rábano daikon
Bibimbap casero • 76
Bossam kimchi y cerdo al vapor • 112
Ensalada de rábano daikon con chile • 74
Kimchi blanco • 102
Kimchi de rábano daikon • 98
Rábano daikon encurtido • 126
Rábano daikon salteado • 64
Rollitos de calamar rellenos de verduritas • 186
Sopa helada con algas • 88
Ssambap de ternera bulgogi • 154
Rúcula
Tartar de ternera coreano • 136

S
Salchichas de Estrasburgo
Arroz salteado con verduras, salchicha y curri • 20
Salsa de anchoas
Adobo picante • 152
Salsa de soja
Adobo para barbacoa • 152
Brócoli encurtido • 122
Cebolla encurtida • 122
Espárragos encurtidos • 122
Jangjorim de ternera • 134
Pepino encurtido con salsa de soja • 124
Salsa mat ganjang • 150
Sésamo
Brotes de judías con sésamo • 72
Espinacas con sésamo • 72
Patatas salteadas con sésamo • 86
Setas
Barbacoa coreana de cerdo • 170
Bibimbap casero • 76
Dorada real • 180
Japchae de ternera • 140
Ragú de doenjang con verduras • 162
Rollitos de bacalao • 182
Setas salteadas • 66
Sopa de ternera picante con verduras • 144
Ssambap de ternera bulgogi • 154

Surimi
Bolitas de arroz, surimi y mayonesa • 22
Ensalada de surimi • 84
Gimbap de kimchi • 120

T
Ternera
Asado de tira en chuletas finas • 158
Filete ruso al estilo coreano • 156
Gachas de arroz con ternera • 26
Jangjorim de ternera • 134
Japchae de ternera • 140
Sopa de ternera picante con verduras • 144
Sopa doenjang de ternera y col china • 146
Ssambap de ternera bulgogi • 154
Tartar de ternera coreano • 136

Tofu
Ensalada de tofu • 82
Kimchi salteado con cerdo • 108
Ragú de doenjang con verduras • 162
Ragú de kimchi • 110
Ragú de kimchi con puré de tofu • 114

Tomate cherry
Ensalada de tofu • 82

V
Vieiras
Sopa doenjang con vieiras • 188
Tortitas de marisco • 46

Vinagre
Brócoli encurtido • 122
Cebolla encurtida • 122
Espárragos encurtidos • 122
Pepino encurtido con salsa de soja • 122
Rábano daikon encurtido • 122

Z
Zanahoria
Dorada real • 180
Ensalada de lechuga Batavia con aliño de kimchi • 164
Gimbap de kimchi • 120

Guiso coreano de pollo • 130
Rollitos de bacalao • 182
Rollitos de calamar rellenos de verduritas • 186
Ragú de doenjang con verduras • 162

La edición original de esta obra ha sido publicada en Francia en 2022
por Marabout, sello editorial de Hachette Livre, con el título

Cuisine coréene maison

Traducción del francés
Montserrat Asensio

Copyright © de la edición española, Cinco Tintas, S.L., 2024
Copyright © del texto, Jina Jung, 2022
Copyright © de las fotografías, Akiko Ida, 2022
Copyright © de la edición original, Marabout, 2022

Todos los derechos reservados. Bajo las sanciones establecidas por las leyes, queda rigurosamente prohibida, sin la autorización por escrito de los titulares del copyright, la reproducción total o parcial de esta obra, por cualquier medio o procedimiento mecánico o electrónico, actual o futuro, incluidas las fotocopias y la difusión a través de internet. Queda asimismo prohibido el desarrollo de obras derivadas por alteración, transformación y/o desarrollo de la presente obra.

Av. Diagonal, 402 – 08037 Barcelona
www.cincotintas.com

Primera edición: marzo de 2024

Impreso en China
Depósito legal: B 16778-2023
Código Thema: WBA
Cocina general y recetas

ISBN 978-84-19043-38-2